ちょうどいい孤独

剛剛好的孤獨

鎌田實 著

陳綠文 譯

前言　在「百年人生時代」[1]推薦獨身自立的生活

隨著新冠肺炎的疫情在全球大爆發，各地開始興起「崇尚單獨行動」的新生活方式。不管是購物、散步，還是外食，原則上都是一個人行動。除了避免出入人多混雜的場所，每天都過著盡可能不與他人接觸的生活。

或許也因為如此，「孤獨」正成為一種熱潮。而年輕人之間流行的「孤身」[2]和「獨活」[3]也是典型的例子。

1 譯註：英國倫敦商學院教授林達．葛瑞騰（Lynda Gratton）提出的概念。主張在醫療發達及環境改善等情勢下，人類將迎來壽命達到一百歲的時代。

2 譯註：孤身一人的簡稱。指沒有朋友能與自己一起行動的人，或是喜歡單獨行動的獨行俠。

3 譯註：獨自活動的簡稱。不是因為沒人陪伴等消極的原因而獨自行動，而是以正向積極的心態享受一個人活動的時間。

正文會再詳細解釋，不過我還是想先說說自己認為的孤獨是什麼。我覺得，孤獨可以區分為「不情願的孤獨（消極的孤獨）」，以及「心甘情願的孤獨（積極的孤獨）」。不情願的孤獨是指對孤獨抱持否定的態度，並且認為「被迫過著這種自主管理的自肅生活[4]，導致減少與人相處的機會，不僅因此感到寂寞，也失去活力」。

相反的，心甘情願的孤獨是對孤獨抱持正面的態度，認為「雖然無法跟別人見面會有點寂寞，卻也相對獲得自由的時間，可以做自己想做的事情」。

或許不少人對孤獨的想法是一個人會感到寂寞。但很多時候我們並非「因為獨處所以寂寞」，而是對於「就算身邊有很多人，仍然覺得彼此之間存在距離」這件事感到更加寂寞。

不過，請各位仔細想想：無論擁有父母、子女，或者擁有伴侶、朋友，我們最終都將會是獨自一人。大家都是一個人出生，一個人死去。就算夫妻倆共同生活，總有一天也一定會有一個人先離世。人生的尾聲是一場「個人賽」，這就是孤獨的本質。即便擁有家庭，也無法治癒人類根本上的孤獨。如今，我們更因為新冠肺炎的疫情，得以有機會重新審視這個被視若無睹的嚴肅事實。

為此，我建議不要以「撫慰」的角度，而是以「享受」的角度看待孤獨。不是在孤獨中生存，而是去體會孤獨。也就是說，我推薦以「心甘情願的孤獨」這樣的心態過生活會比較好。以《人生論筆記》聞名的哲學家三木清曾說過：「孤獨並非情感，而是屬於理性。」也就是說，為了忠於自我地活著，我們也可能因此做出會使自己感到孤獨的行為。這是由理性所帶來的孤獨，非常值得尊敬。

沒錯，你越是討厭孤獨，就越會陷入孤獨的泥淖。但是如果你能享受孤獨，就不會被周圍的雜音所迷惑，如此便能重新審視自己原本的樣貌，以「我想成為這樣的人」、「我想要這麼做」這類的意念，進而萌生出「新的自我」。像這樣「精神上的自立」，我將其稱之為「獨身自立」。

獨身自立、獨活、孤身的新浪潮

我想，孤身和獨活會在年輕人之間流行起來，或許是因為他們喜歡獨處，並且正在

4 譯註：在新冠肺炎疫情之下，日本政府發布「緊急事態宣言」，向國民提出「自肅請求」。此請求為呼籲民眾自主謹慎行事，並沒有法律強制力。

摸索如何獨身自立吧。

以職場為例，在新冠肺炎的疫情爆發之前，公司內部通常有「不能比前輩或上司早下班」的不成文規定。但是年輕世代的想法是：「實在不知道這規定到底有什麼意義。」所以等下班時間一到，就毫不在意地直接離開。他們並非隨便丟下工作就走，而是在對「明明沒事情做卻還是得耗在公司」的惡習提出抗議。

撇除留在公司加班的特殊狀況，完成工作的人會自由利用屬於自己的時間。他們花時間為自己充電、為自我成長而學習、查找自己想了解的資訊，這麼做也是因為珍惜個人的生活。

後疫情時代改變以往重視上下階層關係的「縱向社會」，衝擊過往習以為常的規律，以及總是對周遭察言觀色的習慣。這是一個大家不能不去思考「我們今後該怎麼做比較好？」的時代。整個社會也必須找出「獨自活動是不應該的嗎？」這個問題的根本答案。

不向他人撒嬌，也不諂媚他人，只是好好享受獨處帶來的好處。同時，也能充分和朋友或團隊進行交流。像這樣懂得如何享受孤獨的人，是不是也正在創造新的社會、建立新的體制呢？

探尋「剛剛好的孤獨」

本書將從各式各樣的角度看待孤獨的樂趣，及其美妙之處。不過，希望大家注意的是，本書並不是一本推崇「孤高」的書籍。現在市面上有許多受歡迎的作品會過分強調孤獨的好處，並使用「孤高」這個詞彙，以超然的態度追求理想中的孤獨。

的確，我也認為孤高是接近理想中的孤獨。只是，並不是所有人都能夠實踐如此高尚的生活方式。因此，本書所提倡的是，雖然平常會和別人聯繫，但是「當想要一個人待著的時候，獨處也沒關係」的觀念。我認為能夠像這樣享受「剛剛好的孤獨」，是一件很棒的事。

仔細想想就能明白，擁有自己的獨處時光，實在非常幸福。無論是誰，生活在這個「百年人生」的時代，肯定都會多出不少必須與自己相處的時間。或許，我們感到孤獨的時刻也會因此變得越來越多，但是相反的，能夠享受孤獨的時光也會因此變得越來越長。

即使身邊有家人或朋友陪伴，也一定會有感到「真是孤單」的時刻。此時，我們又該如何轉換想法，積極看待獨處的時光呢？說得極端一點，想法的不同，決定了我們的一生會是幸福地度過，還是在不幸之中結束自己的人生。能正面積極享受孤獨的人，和總是負面消極否定孤獨的人，這兩者之間的人生充實度一定也有著很大的不同。

我認為孤獨是幸運之事。所謂「剛剛好的孤獨」，就是「只屬於自己，並且可以自由自在、隨心所欲運用的時間」。如果讀者在閱讀本書之後，能充分體會到「孤獨真是件美好的事」，那就太棒了。

二〇二一年初冬　寫於八岳山麓・岩次郎小屋

鎌田實

目錄

第一章　剛剛好的獨處時光能改變人生

第二章 獨活的趨勢

第三章　遠離寂寞的孤獨感，提高「孤獨力」

第四章 在團體之中才更須具備的獨活精神

第五章 如何掌握從「老境」脫身的技巧

第六章 獨身自立地生活，你也可以成為孤獨達人

第一章——

剛剛好的獨處時光能改變人生

ちょうどいい孤独

01 這是磨練獨自生活能力的時代

對生活感到不安，是存在於我們眼前的事實。
可以反過來利用這份不安，決定自己的生存之道。

如今，孤獨與孤立已成為日本社會的一大議題。

隨著新冠肺炎的疫情不斷擴大，日本政府向國民提出自肅請求，盼人民能自主地避免不必要、非緊急的外出。在「嚴格遵守社交距離」的口號之下，人與人之間的距離也正急速疏遠。民眾除了擔心自身感染病毒的風險，也對經濟前景感到擔憂，再加上被迫自肅生活，越來越多人在心中累積不滿與不安的情緒，導致出現各類精神症狀。同時，由於不少人無法適應突然轉變為遠距辦公的工作模式，使得孤立感加重，因而陷入「新冠憂鬱」[1]狀態之中的人也逐漸增加。

在新冠肺炎疫情爆發之前，日本社會早已蔓延著孤獨感，其原因來自對老年生活的不安。多數人對於年老後的生活，都抱持著不安的感受，這似乎也與「不婚症候群」，以及少子化、高齡化等問題相關。

不擔憂年老後退休生活的人，真的只有極少數而已。根據日本總務省[2]在二〇二一年九月公布的資料顯示，日本人口高齡化的比例已經達到29.1％，創下歷史新高。六十五歲以上高齡者的就業人數更連續十七年成長，達到九百〇六萬人，刷新最高紀錄。在高齡者當中，每四人就有一人仍在工作。雖然政府表示要打造一個讓人民能夠終生活躍、超過退休年齡也繼續工作的社會，但聽起來就像是漂亮話，被這種話語迷惑可不是什麼好事。我們不必被政府的期望所左右，只要自己決定屬於自我的獨身自立生活形式就

1 譯註：因為新冠肺炎疫情的影響而陷入憂鬱情緒。
2 譯註：日本行政機關之一。主要負責行政管理、地方自治、電信、郵政、消防、統計調查等國家基本制度，類似台灣的內政部。

好。例如，只要在自己方便的時間，做一些有助於維持生計的有趣工作即可。

現今已經是必須磨練獨自生活能力的時代了。

即使是擁有大把時間、存款也還算夠用的人，同樣會對老年後的生活感到不安，這是存在於我們眼前的事實。如果是這樣的話，不如反過來利用這份不安的情緒，將計就計地自己決定生存之道吧。

02

孤獨與孤立完全是兩回事

獨自享受各種樂趣的獨活和孤身趨勢會如此迅速增長，是因為本來就有很多人是想要自己行動的孤獨愛好者。

那麼，造成這份不安的原因究竟是什麼呢？根據日本民間非營利團體「老年科學研究所」的調查顯示，多數原因來自於擔心身體機能衰退，或者害怕罹患失智症等疾病。許多人夾雜著各種煩惱，傾訴自己既孤獨又寂寞的心聲。由於對孤獨感到過分恐懼，成天焦慮地想著：「要是自己生病了怎麼辦？」探究其原因後可以發現，這是因為他們的內心潛藏「身邊沒有能一起愉快度日的夥伴」這種孤寂的心理。

實際上，根據日本內閣府[1]在二〇二一年五月發表的調查資料可以看到，以日本、美國、德國、瑞典的高齡者為對象進行國際比較，結果顯示日本的高齡者當中，共計三成的人沒有朋友。

如今已是百年人生的時代，我們也能看到不少即使擁有配偶或子女，最後還是孤單終老的例子。只要一想到這裡，人往往會產生更加強烈的孤獨感。

但是，所謂的孤獨，真是這麼糟糕的問題嗎？其實，我認為「孤獨」與「孤立」完全是兩回事。孤立固然不太理想，不過孤獨絕對不是壞事。這個社會總是擅自灌輸我們孤獨並非什麼好事的觀念，許多人在聽到別人說他獨居時，就會同情地感嘆：「哎呀！真是可憐哪。」

這實在是多管閒事。任職於某出版社、負責我的連載文章的A先生，是一位非常有能力的編輯，儘管他仍然能繼續工作，但到退休年齡時還是離開了職場。他是一名單身人士。認為「因為只有自己一個人，不用勉強自己做不想做的事情也沒關係」的他，對電影、舞台劇，以及音樂都十分有研究，也深受眾多知名作家喜愛。和這位編輯聚餐閒聊，會得到很多啟發。他不再負責我的編輯工作之後，我們還是經常一起吃飯。因為疫情的關係，我擔心他可能會覺得孤單，時不時就會打電話給他，而他總是一如往常以充滿熱情又有活力的聲音回覆我。

對他來說，好像就算遭遇新冠肺炎疫情，也不會使他的人際關係產生什麼裂痕。他並未被疫情打敗，現在也正堅定地讚揚獨自一人的美好生活。

在這個世界上，有人覺得和大家聚在一起是很開心的事情，也有人認為自己一個人才能更輕鬆自在。事實上，坊間有許多以此為主題的書籍。

比起高齡者，年輕人對這樣的孤獨又更為敏感。現在許多都市商圈裡，獨自吃午餐的人數也正在急速上升當中。我認為，像這類一個人旅行、一個人看電影等等，獨自享受各種樂趣的「獨活」和「孤身」趨勢會如此迅速增長，是因為世界上本來就有很多想要單獨行動的孤獨愛好者，剛好藉由新冠肺炎疫情的契機，讓此主張更廣泛地滲透至社會之中。

1 譯註：日本行政機關之一。首長為內閣總理大臣（首相），主要事務為領導內閣運作、代表內閣向國會提出議案等。

03

人的內心深處有想要獨處的慾望

”

對於現代人來說，最合適的生活方式，
或許就是學習如何掌握「想獨處」與「想共聚」的平衡。

“

誕生於非洲陸地的人類，很容易成為周圍猛獸攻擊的目標，是非常脆弱的物種。為了在那樣的環境裡存活，人類便開始建立群居生活。但是，有些人只要和其他人相處，就會覺得壓力很大、感到喘不過氣，最終還是產生想要遠離群體的渴望，於是遷徙、分散到世界各處。正是因為這些人的存在，人類才得以成功地踏出非洲，花費上萬年的時間，步上偉大的遷徙旅程，定居於世界各地。

也就是說，在人類的心中，同時具有「想與群體共聚」的慾望，以及「想要自己獨處」的渴求。只是，如果「想共聚」的慾望太過強烈，可能會埋沒於群體當中；而「想獨處」的渴求過於旺盛的話，則可能導致加深被社會孤立的風險。我認為，對於現代人來說，最合適的生活方式，或許就是學習如何好好掌握這兩方面的平衡。

事實上，不管大家願不願意，現今這個時代早已成為一個不得不去面對獨居這件事的社會結構。尤其在都會地區，隨著家庭型態主要朝小家庭發展，親子二代同堂好似渺茫之夢。非首都圈的人口密度也逐漸稀疏，父母與子女分別居住在相隔遙遠的地方。俗話說遠親不如近鄰，現代人能夠依靠的對象，早已由親人轉變為居住在附近的鄰居或朋友。但是，如果摸不著近鄰的脾氣、不熟悉對方是什麼樣的人，反而會讓這段人際關係成為自己的沉重負擔。

自古以來的日本社會，就如同江戶的長屋文化[1]一般，比起血緣關係，對「生活在同一個地區」這件事被賦予更深刻的意義。但是近年來，知道同一棟公寓的鄰居長什麼

1 譯註：日本江戶時代平民百姓居住的細長型平房，平房內又區分為好幾段隔間，每段為一戶。戶型雖較無隱私，不過鄰居間會相互幫助、共同生活。

樣子、叫什麼名字的人，反倒比較稀奇。地區共同體的型態正在急速消滅當中。

在職場環境方面，隨著「日本股份有限公司」[2]的消滅，也讓過往「夥伴團結一致共同前進」的精神跟著急遽衰弱，企業共同體的觀念已經開始走向崩解。再加上家庭型態也朝著小家庭發展，不可避免的，社會上的人際關係不得不往獨自化、獨居化邁進。

換言之，日本社會已經不再如同過去一般，認為個體只要附屬於某個群體就能夠放心。就像大企業紛紛垮台一樣，這是個「不知道自己乘坐的那艘船何時會沉沒」的時代。我想，年輕人會如此積極地採取獨自行動，或許正是因為他們早已敏銳地察知當今的時代氛圍吧。

2 譯註：將日本的國民經濟比喻成公司的一種概念。

04

培養「孤獨力」就不會招致孤立

孤獨力是指平常樂於享受孤獨，
緊急時刻會對他人伸出援手，或接受他人幫助的能力。

在思考關於孤獨之事時，很重要的一點是，要知道問題並非出在物理上的獨處；內心感到孤寂、無所依靠，這種心理上被孤立的感受才是問題所在。

我想再次強調，孤獨與孤立是完全不一樣的事情。孤獨指的是選擇自己想要的時間和地點行動，換言之就是能夠自立的人。「自立」並非像大家經常誤解的那樣，不管做什麼事都靠自己的力量去解決，而是就算真的遇到不得不求助於他人的情況時，也有可以依靠的對象。

與之相反，孤立是指在緊要關頭沒有任何人能仰賴的狀態，或者是不得不脫離社會生活的狀況。當然，在這樣的情形之下，身邊也找不到能夠依靠的對象。

剛才提到的編輯Ａ先生，他之所以能夠不畏新冠肺炎疫情，在如此災禍之下還繼續保持正面樂觀的心態，就是因為他在退休前建立的人際關係，直到退休後也幾乎維持住。與他人結束工作關係後，彼此也斷絕往來的事例並不少見。但是這位編輯和我一樣，即便結束工作關係，也依然會想和對方說說話、碰碰面，讓大腦接受一點刺激。

當然，他一定有很多時候是獨自做飯、獨自進食吧。能夠偶爾抽空前去觀賞自己喜歡的電影或舞台劇、隨心所欲地運用自己的時間，實在是一件非常美好的事情。退休後的人生能不被新冠肺炎的疫情毀壞，而是像這樣從容自得地生活，真是瀟灑帥氣。我試著站在Ａ先生的角度，想像他那看來開心又自由的每一天。

另一方面，也有人認為「正因為能夠透過社群網站進行聯繫，我們才不會感到孤獨」。的確，我不會否定「社群網站是能夠避免人遭受孤立的社會安全網」這樣的說法。即使不和同事或朋友對話，只要透過網路，無論在何時何地都可以與他人進行交流，因此不會招致社會孤立。雖然看來也有一番道理，不過我認為問題在於這些對話是否言之有物。

我所定義的「孤獨力」，是指平常樂於享受孤獨，但當遇上緊急時刻，會對他人伸出援手，或能接受他人幫助的能力。換句話說，就是「能夠建立此般人際關係的能力」。但是在社群網站上，無論怎麼與那些看不見臉孔的對象交流聯繫，一旦碰上「關鍵時刻」，當中又有多少人願意挺身而出、傾囊相助呢？

05

孤獨、孤立與獨居的風險

因為擁有獨處的時間，才能做出人生中的重大決定，以及其他人想像不到的抉擇，度過精采有趣的人生。

現今，「世人的結婚意願逐漸下降」一事被視為社會問題。即便單身者增加並不一定代表社會上的孤立情形也因此增加，但是普遍來說，結婚和戀愛這些事還是只有在現實世界中才能成立。同樣的，雖然獨居並不一定等同於被社會孤立，但是我的內心還是感到十分擔憂，在虛擬的網路世界中，究竟能消除多少「孤立感」呢？

美國楊百翰大學（Brigham Young University）的教授霍爾特・倫斯塔德（Julianne

Holt-Lunstad）在二〇一〇年分析了以三十萬人為對象的研究數據，指出「孤獨感是造成短命的風險之一」。接著在二〇一五年，她再度提出「孤獨感會讓死亡率提升26％，社會孤立則會讓死亡率提升29％」的分析結果。此外，如果是獨居的話，甚至會提升32％。

儘管如此，在當今這個時代，還是有很多人希望能擁有獨處的時間。縱使孤獨可能會導致短命，仍然有許多人是因為擁有獨處的時間，才能做出他們人生中的重大決定，使其功成名就。正是因為孤獨，才有這麼多人能做出其他人想像不到的抉擇，度過精采有趣的人生。

於是，這四十七年間致力於在日本各地區發展「健康鍛鍊運動」的醫師鎌田實，也就是在下，希望可以盡量減少大家對孤獨的負面想法、發現孤獨美好的一面，便執筆寫下本書。當中也包含探尋達到「剛剛好的孤獨」的各種竅門，盼讀者能夠獲得啟發。

當然，從以前開始，世人就普遍認為獨居或被社會孤立是存在風險的。不過，我個人非常誠心樂意地歡迎孤獨。希望在記得孤獨會造成死亡風險提高的前提下，我也能繼續講述孤獨的魅力。

06

孤獨是一件充滿魅力的事

擁抱孤獨、珍惜獨處時間、試著不要去麻煩別人。
成為一個能夠獨活的人，人生的立足點也會變得更加開闊美妙。

所謂孤獨，並非代表總是孤零零地一個人行動。就像上述提到的編輯A先生一樣，他不會被周圍的雜音所擾亂，而是以自己認為舒適的方式生活，使內心萌生出新的自我，並靠著這股萌生出嶄新自我的力量，充實自己的內在。這就是「剛剛好的孤獨」。如果能以自己的力量生存於世，就能夠增加這樣的力量。

當我們能好好地獨活，強烈地意識到「別人是別人，我是我」，並成為一個能夠獨身自立之人的話，就會有許許多多的好事發生：

一、**提升自主性**。不再過度察言觀色，擁有能夠自主選擇自己想要的人生之力量。

二、**能夠更確立自我的價值觀**，**同時具有更強大的自我認同感**。

三、**漸漸減少被社會壓迫的感覺**。有些人在社會上，或者是與親屬相處時會感覺到壓力，但是如果能以積極主動的心態度過孤獨時光，就會逐漸產生排解這種壓迫感的力量。

四、**能夠湧現不受他人影響的獨特觀點**。若能從此發展新的技能或興趣，生活方式就可以變得更加與眾不同。也有人是因為學會獨身自立，才使得人生走向成功。因為不會一味地模仿他人，而是以自己的行事風格生活，偶爾也可能遭遇失敗。但即便如此，也能夠理解且服氣。

五、**獨活能提升集中力**。與自己喜歡的人一起吃飯的時刻，是很美好的時光；但是一個人吃飯的時候，也能專注於品味食物本身的味道。和他人一起看電影，是很不錯的時間；不過對於喜歡電影的我來說，一個人看電影是無以言表的幸福。如果要我形容一個人在滑雪場上滑雪是什麼感覺，我會說那是什麼也代替不了、至高無上的幸福。倘若往後再也不能獨自從三公里長的坡道上颯爽地乘著雪滑降下來，那麼我何時死去都無所謂。我就是如此熱愛獨處時光。

六、**會發覺真實的自我**。俄國作家托爾斯泰曾經說過：「孤獨時，人會感受到真正的自我。」也就是說，透過孤獨的時間，人能夠領悟到自己內心真正的想法。

七、**因為能領會孤獨，才能更加明白應該珍惜他人，也學會怎麼去愛別人**。美國新聞記者彼得・漢密爾（Pete Hamill）曾說過：「我認為，無法自己度過孤獨時光的人，沒有資格去愛別人。只有從可以倚靠自己的力量生存下去開始，才能不壓迫別人地愛一個人。」

擁抱孤獨、珍惜獨處的時間、試著在做某些事的時候不要去麻煩別人……如果像這樣成為一個能夠獨活的人，人生的立足點也會變得更加開闊美妙。這就是獨身自立。不用在乎他人的目光，心志要堅定不移。也不必想得太複雜，先試著在日常生活中以積極正向的心態度過獨處的時間吧。獨身自立就從這裡開始。

07 減少執著會提高獨活的能力

拋下執著，會發現許多即便捨棄也無所謂的東西。

這裡再談談前面提過的編輯A先生。無論是大牌作家還是暢銷作家，大家都很喜歡他。我想這是因為他們之間的關係早已超越工作夥伴的界線，成為可以結伴同遊玩的夥伴，甚至可以稱為朋友。當他負責的作家感到寂寞或遭遇挫折時，他就會陪他們一起喝酒到深夜，有時候也會與他們一起去旅行。應該很多人都曾被他拯救過吧。當然，他自己也被這幾位作家支持著。在他們之間，有著對彼此來說都很重要的連結。

這不是作家與編輯之間上對下的階級關係。身為編輯，他的工作就是收取原稿，但是他並沒有那麼執著在這件事情上。對他來說，更重要的是考慮對方當時的狀況。A先生超越工作上的立場，更珍視彼此的存在。或許有些人會指責A先生的行為是怠忽職守，但他更著重考慮「對方有什麼樣的感受」，以及「自己又能為此提供什麼幫助」。或許正是因為如此，他們之間才能不拘泥在一定的立場，產生彼此能表明「好的就是好的、不好的就是不好的」那般坦誠相待的信賴關係吧。

因為沒有單方面懷抱執著，他們之間也沒有功利的算計。像這樣暫且先放下執著的心，便沒有利益關係和盤算詭計能介入的餘地，於是就能看清真正重要的東西是什麼。好比對自己來說真正重要的人是誰、需要的東西究竟是什麼……等等。倘若過於執著，便會遭其埋沒，以致做什麼事都綁手綁腳。如果能試著先拋下執著，就會發覺那些「即便捨棄也無所謂的東西」。接著，便只會留下那些「無論如何都不想放棄的東西」。人類要想存活於世的話，只擁有這些就十分足夠了。

在度過孤獨時光的過程中，如果能增加自己的獨活能力，反而能與他人建立良好的人際關係。像這樣能夠在精神上自立的人，任何人都會想與其來往。如此一來，也能擴展與各式各樣的人交流的可能性。

我認為，假如一個人會因為身邊沒有其他人陪著就容易感到寂寞，那是因為他的內在缺乏孤獨力。

08

羈絆是珍貴的情感，也存在著陷阱

親子、夫妻之間的牽絆，雖然都是令人安心的基礎，
有時候也可能成為以不合理的形式束縛著他人的枷鎖。

漢字中有一個寫做「絆」的文字。日本三一一大地震時，媒體上播放著陸續從災區流傳出來的感人影像，以及溫暖人心的畫面，此情景便成為「絆」一詞的象徵。

不知各位是否知道，「絆」這個字也有「牽制他人」的意思。無論是親子之間、夫妻之間，或者是地域和社會共同體之間的羈絆，雖然這些都是令人感到安心的基礎，但根據不同的時間或場合，有時候卻也可能成為以不合理的形式束縛著他人的枷鎖。在什

麼時候，牽絆才是必要的呢？又或者說，究竟要追求什麼程度的牽絆呢？隨著不同的局面，又有著各種不同的狀況。但是不知從何時起，日本社會全體便開始盲目地歌頌人與人之間的「羈絆」，在這樣的環境下，我對於說出「其實我並不喜歡羈絆」，或是「過多的羈絆會成為我的重擔」之類的話，漸漸感到有所顧慮。

請各位仔細地思考。自古以來，日本人便一直很珍視自己身處的群體。群體在江戶時代為「御家」，也就是所屬的「藩」[1]；明治時代開始為「國」，也就是「國家」；第二次世界大戰結束後，則是各自任職的「公司」；而現代，這個被珍視的群體則變成「家庭」。

固然許多家庭都是可以讓人感到安心的避風港，但是根據厚生勞動省[2]最新的調查數據顯示，日本虐待兒童的案件高達二十萬五千件。這當中包含不少青少年在家庭內遭受的性虐待和言語暴力，對他們來說，家並不是能讓人放心待著的地方。即使因為新冠

1 譯註：江戶時代幕藩體制下，對大名（領主）的領地及其統治機構的稱呼。

2 譯註：日本行政機關之一。負責社會福利、社會保障、公共衛生及勞動者相關等行政工作。類似將衛生部、福利部、勞動部三方整合的機構。

肺炎疫情的關係，民眾被倡導盡量待在家中，但是我們也不能忘記，對某些人來說，家並不是能讓他們感到安心的場所。

「絆」這個字，原意是「用來把馬或鷹等家畜與家禽栓在樹木上的繩子」。除此之外，也有「約束」和「束縛」的意思。雖然近年「羈絆」一詞成為話題，認為其在人際關係中是很珍貴的情感，但是希望大家不要忘記，所謂的「羈絆」同時也存在陷阱。

由各個時空來看，沒有任何群體比藩、國家、家庭還能肆意擺布人。因為在這些群體當中，一定會有一個人占據絕對中心的位置。對我來說，無論國家、諏訪中央醫院[3]、地區、家庭，毫無疑問都非常珍貴。但是另一方面，從不同角度來看，這些群體卻可能令人感到萬分拘束。除了並不一定能保護好個人，有時候還可能與自己的生活方式和行動自由互相牴觸。

然而，當人試圖吐露這些心聲時，反而會遭到他人憐憫的目光，嘆息著：「你沒辦法珍惜這些東西啊？真可憐。」甚至還可能受到其他指責。

為什麼當人被問到「對你來說，什麼東西是最重要的？」的時候，總是說不出口最重要的是「自己」呢？無論是誰，最重要的明明就應該是自己啊。

自己是不可欠缺的核心。我深愛著諏訪中央醫院、全日本，以及我的家庭，但是如果我的內心沒有「最該珍視的是自己」這個意識的話，則看不清一切的本質，而困在膚淺的表象上。

3 譯註：位於長野縣茅野市，本書作者鎌田實為此醫院的名譽院長。

09

家人之間潛意識的糾葛

”戀父情結、戀母情結，家庭成員在潛意識也有糾葛，有時候，親子關係的確會阻礙個人成長。“

雖然不太好意思向相信「親情之愛」的人潑冷水，不過有時候親子關係的確會阻礙個人的成長。

俄國作家杜斯妥也夫斯基著有一部知名小說《卡拉馬助夫兄弟們》，這部小說的主題為「弒父」。

故事的中心人物是貪婪好色的地主父親，以及他的四個兒子。當中交織著親子、兄弟、異性等複雜的人際關係。如上述所提到的，這名父親遭人殺害，此案的嫌疑犯正是他的長子。本書的基礎，便環繞在對這名長子展開的審判上。因為和父親合不來，長子經常和父親吵架，他的確計畫著總有一天要殺死自己的父親。實際上父親真的遭人殺害了，還被盜走大筆錢財。因此，長子便理所當然地被懷疑為此案的兇手，那麼真相究竟為何呢？

為了防止劇透，這邊就不講述太多細節。我想說的是，日本也有很多小說的主題圍繞在關於父親與兒子，或者母親與女兒之間的矛盾與爭執上。也就是說，這已經是十分根深蒂固的問題了。

有一個詞叫做「戀母情結」，這是精神分析學的用語，形容男孩子對母親懷抱性愛情感，同時嫉妒著父親，潛意識對父親產生牴觸的心理。普遍來說，人類從嬰幼兒時期開始就存在性愛衝動，因此會潛意識地渴望占有異性父母的愛，並且對同性父母抱持嫉妒心理。

總之，我們不能忘記，即使在家裡，父母和子女各自的潛意識中有性愛糾葛在蠢動。男孩愛戀母親，對父親則懷抱特殊的抗拒情感。女孩同樣也被認為懷有「戀父情結」。我們必須有所意識且牢記於心，即使在同一個屋簷下，性衝動也可能隱隱作動著。

10 打造一個不被「毒親」[1]擊垮的孤獨世界

「毒親」式父母把自戀的情感投射在自己的孩子身上，對孩子抱有過度期待，以致最終將孩子束縛住。

新冠肺炎的疫情不見趨緩，民眾被倡導留在家中，據說使得家庭中的性暴力案件隨之增加。我們不能輕忽，認為「因為是親人所以能夠放心」，而是要考慮到「就算對象是家人也可能存在風險」。同時，為了讓子女能夠盡早自由度過屬於他們自己的人生，父母有必要在稍微超前的階段就開始慢慢讓孩子自立，並教導他們學習自我謀生的能力。夫妻也一樣，如果能夠好好與對方相處，各自成為一名能成熟地獨活的個體的話，不就也能建立起一個嶄新的家族形式嗎？

阻礙孩子自立最典型的例子就是「毒親」了吧。毒親父母讓子女遭受到甚至可以被比喻為「毒害」的惡劣影響，導致孩子內心忍不住產生「真是麻煩」的想法。總括來說，這類父母的自我陶醉心理很強，他們會把這種自戀的情感投射在自己的孩子身上，對孩子抱有過度期待，以致最終將孩子束縛住。但是這類型的父母不會認為自己哪裡做錯。不如說，他們會認為「我這麼做都是為你好」。就算他們真的打從心底認為自己是為了子女好，但子女感受到這樣過剩的愛，反而會覺得非常為難。

父母有父母的人生，子女也有子女的人生。如果父母成為「毒親」，那麼他們和子女之間的界線就會一直處於模糊不清的狀態之中。

1 譯註：以「毒」來比喻對孩子產生不良影響的家長，例如以相當於虐待的行為來傷害孩子，或是過度干涉、限制、依賴孩子，阻礙孩子自立成長。

11

獨身自立能幫助你輕鬆過活

倘若能好好掌握並運用孤獨，就能夠確立自我的意識，幫助事情更順利地進行下去，使其發展得更圓滿。

社會上經常頌揚以家庭為重的觀念，但這樣的家庭謳歌並未反映出人類的心理。豈止於此，整體環境甚至以「不加以批判」為前提，產生一種「在日本怎麼可能有人會對家庭懷抱恨意」的氛圍，不允許社會大眾對家庭提出批判。

我們為何不暫且轉移目光，拋開家庭的枷鎖，還有「羈絆」這個詞的束縛，嘗試以「自己」為中心思考事情呢？這樣做的話，說不定就能看見那些原本從家庭的立場為出發點看事情時注意不到的東西。這就是獨身自立。而在其背後支持的，就是「孤獨」。倘若能好好掌握並運用孤獨，就能夠確立自我的意識。如此一來，便能消除大部分的不安感。有時候，孤獨反而能使事情更順利地進行下去，使其發展得更圓滿。

基本上，那些人生勝利組或人生強者所謂的「孤獨」，對一般人來說是很難如自己所願去實踐的。雖然獲取成功的人會說自己是「因為擁有孤獨的時間，所以才能取得成功」，但是獲得成功的原因絕對不會只有孤獨這一項要素而已。

不過毫無疑問的，孤獨當中肯定蘊含相對的力量。假如一般人想要實踐孤獨，就要從獨身自立開始做起。

如果以此思考模式來看，我想不管是誰都能夠成功實踐吧。特別是開始邁入退休年齡、人生目標或生活方式產生變化、家庭人數縮減、身邊發生巨大改變的人。也就是說，從面臨人生歧路的時刻開始獨身自立，是非常重要的一件事。

我認為，孤獨的奧妙就是竭盡心力從束縛、揣測，以及牢籠之中解放出來。為了證明這一點，我將在下一章講述自己的成長歷程。

第二章——

獨活的趨勢

12

刻意成爲孤獨之人也沒問題

寂寞與哀傷是人類生活當中非常重要的感受。
如果這些情感消失了，就會遺忘許多寶貴的經驗。

我幼年時被親生父母遺棄，是養父母把我扶養長大的。雖然中年之後才得知這個事實，但我其實從小就一直有種奇怪的感覺。因為母親患有嚴重心臟病，所以不管我怎麼想，總是會懷疑「母親是在年事已高的時候生下我的嗎？」，甚至還產生過「我們長得真不像」，或是「我們對事物的見解完全不一樣」等想法。

縱使養父母都是非常好的人，但我的內心始終抹滅不掉「受了他們養育之恩」的想法。所以，我總是下意識地在意著家人和周遭的目光，並不斷告訴自己「家庭很重要」、「所謂朋友就是要大家都聚在一起」。我覺得，自己好像始終在扮演一個很珍惜家人和同伴的「好孩子」。

可是，我的內心總懷有想要一個人待著的念頭，也經常喜歡陷入沉思。我國中時住在東京都杉並區，當時經常獨自走去離家約十五分鐘路程的妙法寺後側。這裡雖然是著名的寺院，但是來參拜的人幾乎都不會到院區的後側。

記得當時曾聽大人提起妙法寺裡有白蛇，我還跑去那裡的石造建築附近，偷看排氣孔裡有沒有白蛇。當然，我沒有找到白蛇。但我也無法忘記，當我心神恍惚地離開時，聽見周圍響起那如陣雨般的蟬鳴。那時還是孩子的我，或許也想窺探一下自己的內心世界吧。

於是，我坐在寺院內的石板凳上，開始讀起我很喜歡的詩人三好達治的詩集《測量船》。其中有一首詩，名為〈石板路上〉：

愁憐花瓣飄落
飄落少女當中

少女輕聲笑語漫步而行
朗朗步履聲響迴盪迥空
時時抬頭仰望
穿越沒有一絲雲擾的寺院之春
寺院屋瓦浸潤綠意
角角屋簷
風鐸悄靜無聲
我獨自一人
踏在石板路己身吊影之上

我想，這大概是在形容櫻花花瓣翩翩飄落的樣子吧。我一邊思考，為什麼會說「愁憐」呢？一邊又想著，所謂人生在世或許就是這麼一回事吧。在美好的事情或快樂的事情背後，總是會感受到諸行無常啊。

讀到這句「少女輕聲笑語漫步而行」時，我心裡想著：「這樣啊，這名女子不是一個人啊，她是在跟女性友人交談啊。」但是那空間飄盪的寂寥感，總覺得好像就算有誰在身邊，也依然能感受到那般愁憐的思緒。

雖說如此，我平常還是很喜歡跟大家一起做些什麼。但與此同時，總感覺自己的內心深處猶如自始至終都懷著「愁憐」的情感。

「孤獨」這個詞，以英文表達的話，可以用「Loneliness」或「Solitude」這兩個單字來表現。而孤立則是「Social Isolation」（社會孤立）。

如果談到「獨活」和「獨身自立」的話，比起帶有強烈孤寂感的「Loneliness」，我更在意含有濃厚與外界隔絕之意的「Solitude」。也就是說，自己有意識地探求偏向「Solitude」的隔絕，積極地享受孤獨。Enjoy Solitude，享受孤獨，即便刻意成為孤獨之人也沒問題。

其實對人類來說，「Loneliness」這個單字帶有的「寂寞」與「哀傷」情感，是生活當中非常重要的事情，我會在後面詳細解釋。如果這些情感消失了，就會遺忘許多寶貴的經驗。人生在世，我一直希望自己不要忘記「Loneliness」的重要性。

13

人在社會上同時是「水平的人」與「垂直的人」

”不只成為善於水平地與人聯繫、建立關係的人，也要成為熱愛孤獨且言行出格的「垂直的人」。“

國中畢業後，我進入一間升學率很高的都立高中就讀，那所學校的校風非常自由、放任。會這麼說，是因為當時老師總是不當一回事地說：「反正只要時間一到，大家應該就會開始讀書了。」不知道這是不是升學學校的傳統，老師總是信任我們時機到了就一定會開始發奮圖強。

我當時住在一個叫做和田的地方，從地鐵東高圓寺站走過去大約需要十分鐘左右。

穿過東高圓寺之後，可以看到國鐵高圓寺站後側有一棟髒髒的砂漿建築，我經常花大把時間泡在那裡的咖啡廳。這家咖啡廳的牆壁上爬滿常春藤，風情十足。通常，我不是待在這裡，就是在妙法寺的墓地周邊閒晃，如果身上有點錢就去吉祥寺，那裡有家電影院。我放學後的活動，大致就是上述幾種之一。因為我想要擁有獨處的時間。那時候陪伴我的，是田村隆一的詩集。

沒有言語的世界是白晝的球體
我是個垂直的人
如果沒有言語的世界是正午之詩的世界
我就無法止於作為一名水平的人
因為發現了沒有言語的世界　使用了言語
以白晝的球體　以正午之詩
我是個垂直的人
我不應該止於作為一名水平的人

我早已意識到自己是善於水平地與人聯繫、建立關係的人，但同時也希望自己能成為熱愛孤獨且言行出格的「垂直的人」。我想，從這個時候開始，我的內心就已經萌生出獨活的幼芽了。

但是，一般大眾都對孤獨有所畏懼。因為擔心被群體排除在外，覺得自己搞不好會被孤立，所以產生莫名的恐懼感。正因如此，大家才總是察言觀色，勉強自己配合他人。特別是在從眾心理很強的日本社會更是如此。

只不過，我們根本沒有必要強迫自己配合別人、痛苦地與世間磨合。無論再怎麼努力、再怎麼遭遇挫折，人生該如何就會如何。如果能細細品味這些喜悅與苦痛，不要浪費無謂的心力，而是懷抱覺悟、如實接受一切的話，人生應該就能夠活得更輕鬆才對。我的主張是「反正人本來就是一個人出生、一個人死去」。雖然很難將這樣的想法完全直接反映在生活方式上，但是如果能記住這樣的心情，人生理當會活得更加輕鬆愉快。

14 獨身自立是不被輕易動搖的生活方式

孤獨難免讓人有種與周遭人群疏遠的感覺，
而獨身自立是主動且有意識地創造屬於自己的時間與空間。

我們何不試著去享受孤獨，而不是認為自己活在孤獨之中呢？有些人被批評為我行我素，但仔細想想，這正是因為他們能夠重視個體而活，除了會自己下判斷，還能忠於自我地行動，所以才會被批評為我行我素。

當然，這跟做到什麼程度也有關係。如果很明顯的對其他人造成困擾，也不是什麼好事。不能帶給他人過多的「不愉快感」，自己的心中一定要保有明確的界線。但是另一方面，為了在今後的時代中堅決地活下去，我們也必須挺直腰桿地活出自我，磨練以堅強的個體生存於世的能力。換句話說，就是要訓練自己有堅定且不輕易受動搖的心態。而支持這種心態的，就是獨身自立的生活方式。

獨身自立也包含自己做選擇的意思。一提到孤獨，難免會讓人有種與周遭人群疏遠的感覺。但獨身自立是指自己主動且有意識地創造屬於自己的時間，是自己想要一個人待著。透過這些行動，便能確認對自己來說的「剛剛好的孤獨」究竟是什麼。

15

疫情是學習與自己相處的好時機

將疫情作為契機，練習以個人來感受、思考、發言、行動，可以更真切地體會到獨活的重要性。

隨著新冠肺炎疫情擴展至全球，世人也逐漸開始提倡新的生活方式，那就是「推崇個人行動」。不管是購物、散步還是外食，都是一個人行動。除了避免到人多混雜的地方，也盡量不與他人相約見面。正是在這樣的時代，我們才更能真切地體會到獨活的重要性。

對此，也有很多人表達了不滿的情緒。他們認為生活變得不自由，並感受到強烈的封閉感、痛苦與寂寞。但是，我認為這正是一個能夠鍛鍊自己「堅定且不輕易受動搖的心態」的絕佳時機。過去，世人的生活總是過於勞碌，因而忽視「如何與自己相處」，而此時就是學習如何獨處的大好機會。

無論是否擁有父母、子女，或者是否擁有配偶、朋友，我們終究還是一個人。大家都是一個人出生、一個人死去。多虧新冠肺炎這場疫情，才能重新正視這個平常被我們視若無睹的事實。

那麼，為什麼我們必須重新審視個體的重要性呢？這並不是從預防感染的觀點出發，在無可奈何的情況下被迫獨自行動。新冠肺炎不過是一個契機，如果我們沒辦法以個人來感受、思考、發言、行動的話，則無法在往後的時代中生存。因為接下來，我們將面臨「後疫情時代」。

16

獨自生活可培養人的根基

"獨身自立並非不甘願的孤獨，也不是與人疏遠而被孤立，是刻意打造屬於自己的時間，透過獨處讓自我意識更清晰。"

或許是因為我在很小的時候就已經感受到孤獨的樂趣，所以從青春期開始，我就強烈希望自己能孤獨地活著。這是獨身自立，並非不甘願的孤獨。這也不是因為與身邊的人疏遠所以被孤立，而是自己營造孤獨的獨身自立。自己有意圖地打造屬於一個人的時間，透過獨處時光讓自己的意志更清晰，我認為這是非常棒的一件事。

我的母親患有嚴重心臟病，經常需要住院。為了賺取住院費用，父親總是直到深夜都還在工作，所以我一直以來都是獨自一人，時常孤獨度日。

為了排解獨處時的寂寞，我非常珍惜身邊的朋友。住在我家附近的鄰居阿姨也很疼我，時不時就會邀我過去吃飯。因為我的心態積極正向，所以即使我當時大部分時間都是獨自一人，也沒有因此被周遭的人孤立。在太陽下山之前，我會與住在附近的阿姨，或是年紀比我大一點的哥哥姊姊，還有同學，或年紀比我小的弟弟妹妹玩在一起。我認為，那是一段支持著我人生的重要時光。

幸運的是，由於獨處的時間實在太長，我並沒有受到長輩的監控，也能夠按照自己的判斷來利用自己的時間。而隨著「人類始終是一個人啊」這樣的想法越來越強烈，我也開始認為早點獨立是自己的責任。

一到晚餐時間，大家就會各自回家，我也一樣會回到自己家中。然而我們家沒有電視，所以我總是靜靜地在昏暗的燈光之中等待父親歸來。那時候，我的朋友就是從圖書館借來的書。

17

閱讀教人領悟孤獨的價值

閱讀為我的人生奠定基礎，人生的視野也跟著拓展。此外，我還成為一個擁有強烈好奇心的人。

當時的班導師在了解我們家的狀況之後，特別允許我可以無限制借閱圖書館的藏書。直到現在，我都還記得在那個貧窮到暑假和寒假哪裡都去不了的童年，反覆把書本一讀再讀的時光。雖然我覺得是因閱讀而撫慰了自己寂寞的心靈，但是因為身邊有書本這個不可或缺的朋友，所以我也認為自己並不孤獨。

我深刻地感受到，這些書籍為我的人生奠定了基礎。不，我覺得自己的視野也因此拓展得更廣大了。而且，我成為一個擁有強烈好奇心的人。對我來說，這些書籍不僅為我的人生奠定基礎，還在我遇到人生的岔路時，為我指點「應該要怎麼做比較好」。

除此之外，閱讀還教會我「人生是沒有道理的」這件事。人生不會事事都如自己所願。當我察覺到這件事時，就更加覺得「我們只要隨心所欲地生活就好了啊」。我想，會形成這樣的思維，也是因為讀了許多書的關係。

也可以說，正是因為透過讀書，我才能領悟到「孤獨」的價值。

18

獨處是重視自己的時間

”為了專心達到目標，在人生的道路上持續前行，人必須打造專屬自己的時間。“

雖然我一直以來都過著和他人聚在一起做些什麼的生活，但其實我並不是因為喜歡團體活動才這麼做的。前面已經說過，我的內心深處一直存在著想要獨處的強烈慾望，但姑且先不談論喜歡或討厭，我覺得自己或許是個很擅長與大家相處的人。

我還在念小學的時候，鎮上成立了棒球隊。當時球隊的主要成員都是六年級生，但還是五年級生的我，卻被選為球隊的隊長。大概是因為那時候大家都認為，我是一個很會觀察周遭氣氛的孩子，所以不會發生那種只顧自己而恣意破壞團隊和諧的情況吧。

但是我其實並沒有那麼大的熱情，畢竟想要獨處的意識還是很強烈。現在回想起來，在我經歷大學考試失敗、準備重考的時候，曾經強烈地將這個意識表現在行動上。當時，同樣大學落榜的同學都選擇到駿台補習班的御茶之水分校準備重考，只有我一個人選擇到四谷分校上課。御茶之水分校在一棟非常漂亮的建築裡，相較之下，那時候的四谷分校則位在一個看起來快塌了的大樓裡的角落。

要問我為什麼會這樣做，其實沒有什麼明確的理由。我想大概是因為意識到自己的資質不高這件事吧。加上如果跟朋友去上同一間補習班的話，可能會變得老是跟他們玩在一起。所以我想，為了專心念書，我必須打造屬於自己的時間。

我是一名獨生子，與父母見面的時間也不多，所以我很珍惜為我排解寂寞感的朋友。但是為了在人生的道路上持續前行下去，我認為自己應該要更重視自己的時間，將心力專注在學習上面。

19

從求學到工作如何受益於打造自己的時間

不只在崗位上做好該做的事，也與夥伴朝著同一個方向前進。對任何人來說，這樣的工作模式應該都會讓人感到舒心愉快。

準備重考時，我開始過起每天清晨四點半起床讀書的生活。傍晚如果有朋友約我，我會盡可能不拒絕，直到晚上都與他們玩在一起。不過要是整天都在玩耍，對重考大學也沒什麼幫助，所以我會在凌晨安排時間讀書。

當時得知駿台補習班的老師會輪流到四谷分校和御茶之水分校教課，所以基本上兩邊教授的內容應該不會有太大的差異才對，這一點也在我的考量之中。除此之外，最重要的就是「自己的時間」。我想，這個時候我的內心早就已經萌生出獨活的意識了。

從那之後，像這樣「早上起來第一件事就是處理工作」的習慣，我一直持續到六十多歲。除了學習醫學相關知識，我也會讀詩、聽音樂，或者寫文章，此時就是創造專屬於「自我式的孤獨」的時刻。這個時候學習到的知識，還有每天思考的世界觀，造就並支持了現在的我。

就這樣，我成功通過千葉大學醫學系、橫濱市立大學醫學系、東京醫科齒科大學的入學測驗——「獨活」獲得勝利。大學畢業之後也一樣，當時我的同學幾乎都進入大學的醫局[1]，在那裡研習或接受研究指導，以求早日成為能夠獨當一面的人。我則決定遠離大學時期的朋友圈，到外地一間默默無聞的醫院就任。會選擇前往外地工作的其中一個理由，是因為接到其他大學前輩的熱情邀約。他們告訴我：「這裡都沒什麼醫生，你就過來吧。」不過更重要的原因是，我已經下定決心要切切實實地以獨活的形式生活。

在我赴任的諏訪中央醫院當中，有著來自東京大學、信州大學等不同大學的醫師，他們各自精力充沛地做著個性十足的工作，對於喜歡獨活的我來說，是一個再適合也不過的地方了。他們都是很有能力且獨立的人，同時也懷抱著相同目標，希望能守護好社區居民的健康、讓醫院的經營更加完善。大家在這裡結交到能一起努力的同伴，致力於改善當地民眾的健康。

每個人不只在各自的崗位上自主做好該做的事情，也攜手與夥伴朝著同一個方向前進。不僅在醫生的世界如此，對任何人來說，這樣的工作模式應該都會讓人感到舒心愉快。

就像以前被選為棒球隊長，當上醫生之後，我也繼續有機會擔任領導者的角色。我在三十九歲時成為諏訪中央醫院的院長。雖然醫院裡也有比我年長二十歲以上的資深醫師，但是負責統領醫院的茅野市市長，親自任命我擔任諏訪中央醫院的院長。即便如此，醫院內部也沒有出現反對的意見。

我自己猜想，或許是因為我「想要打造一間完善的醫院」的態度，受到眾人的好評吧。想要好好經營醫院的話，不可或缺的是有能力的人才。但是，如果職場上的員工感覺不到工作現場的愉悅氣氛，也不覺得這份工作具有樂趣的話，就聚集不了優秀的人才。為此，我一直都在思考，究竟該怎麼做才好呢？

1 譯註：以大學醫學系、牙醫學系等附屬醫院的研究室或診療所為核心的組織，組織的領導者為該研究室的教授，醫局成員則多為該校畢業的醫務工作者，是日本獨有的制度。

20

人生宛如獨角戲

人雖然會合群地一起行動，但在如同休眠火山的內心深處，獨行的精神和想要擁有自我時間的意識，就像岩漿般沸騰著。

人生可以比喻為一場戲劇。想要上演一齣優質好劇，就需要好的主角與配角，以及好的編劇和導演。除此之外，還要加上許多重要幕後工作人員的參與，這齣戲的架構才得以成立。

無論是醫院還是家族，都有和戲劇相似的一面。這兩個群體都聚集了各式各樣的人，也是個必須與他人合力打造同一齣戲的場所。經營醫院時，為了召集傑出的員工，必須費盡心思營造適合工作的環境。與此同時，我認為在這個名為「醫院」的舞台之中，除了要以被賦予的角色獨立演出這場戲，有時還需要編寫劇本、創作故事，把這裡當作一個必須考慮「如何讓所有與醫院相關的人士都能夠取得成長」的場所。

像這樣的戲劇製作固然也很有意思，但我終究還是對獨角戲產生興趣。例如演員馬歇太郎的獨角戲。他的表現也受到作詞、作曲家永六輔，以及落語家立川談志的高度讚賞。不過他原本是一名默劇藝人和喜劇演員，後來自立成為劇作家，開始自己撰寫劇本並獨自演出。

每當看他表演的時候，就好像置身在沒有銀幕的電影院般的空間觀賞電影一樣。無論是我最喜歡的義大利電影導演費里尼（Federico Fellini）的作品《大路》（*La strada*）、法國電影導演馬賽．卡內（Marcel Carné）的作品《天堂的小孩》（*Les enfants du Paradis*）、英國喜劇演員卓別林（*Charles Chaplin*）的作品《舞台春秋》（*Limelight*），還是社會派推理小說家松本清張的作品《砂之器》等等，馬歇太郎都能夠出色地演出每一場獨角戲。

大家一起製作的戲劇當然也很棒，但是我覺得獨角戲更符合我的角色定位。或許也是因為我打從心底就抱持著這種心情，才有辦法寫出登上暢銷書排行榜的作品《別努力》。我在五十歲時寫下這本書，契機是我當時參加NHK的一檔廣播節目《無線電深夜航班》，節目播出之後，聽了廣播的編輯便希望我能撰寫一本以「別努力」為主題的書籍。

我當時正在醫院這個團體中全力以赴地工作，所以一開始拒絕了這項提議。但是後來連出版社的高層都前來邀約，向我勸說：「全公司都會支持這項決定，希望您務必接受這份請求。」於是我便開始寫作。託大家的福，《別努力》不只打入暢銷書排行榜，還兩度被翻拍成電視劇。

總歸來說，如果要用現在流行的說法來表達的話，我雖然會如同「合群派」一樣行動，但其實人類這種生物並沒有那麼簡單。在休眠火山的地下深處，「獨行派」的精神，以及想要擁有自我時間的意識，就像岩漿一樣滾滾地沸騰著。《別努力》這本書就是此般思緒造就的成果。

既然答應這項邀約，當然不能草率交稿。但是白天還要忙於醫院的工作，實在抽不出時間寫作，於是我便開始過著清晨四點半起床的日子。到醫院上班前的那段時間，就是我提筆寫作的時間。雖然當時耗費極大的心力完成這件事，但內心深處也同時想著，這正是「身體和心靈都獨身自立」的證明。對我來說，這是絕對不能妥協的自我主張。

21

不要把孤獨和不安混爲一談

對運動員、商務人士、寫作的人來說，孤獨不僅不全然是負面之事，還具有非常強大的力量。

為了確立自我，我試圖將自己置身於孤獨之中，透過反覆探尋自身價值，形成不輕易受動搖，且堅定自我意志的價值觀。

我認為，無論是在衝破人生障礙的時候，還是作為一名運動員獲得成功的時候，又或者是對於商務人士、寫作的人來說，孤獨不僅不全然是負面之事，還能夠孕育出非常強大的力量。

前陣子，日本網球界的巨星大坂直美選手坦言自己罹患憂鬱症。當選手站到球場上時，教練並無法給予實際幫助。選手不只必須獨自與敵方作戰，觀眾有時是你的支持者，有時候也可能是你的反對者。我想，在這樣的情況下要克服孤獨，實在是一項非常艱難的任務。

昔日，有位名叫比約恩・博格（Björn Borg）的天才網球選手，他在溫布頓網球錦標賽取得五連冠的佳績。在《決戰賽末點》（*Borg vs McEnroe*）這部電影當中，可以看到博格始終不斷正視自己的內心。他就像一名僧人。我認為，這就是他如此強大的根源。

雖然在五連冠的門前有著約翰・馬克安諾（John McEnroe）這座高牆阻擋，但是在球局賽末，博格還是戰勝馬克安諾，奪下冠軍寶座。到了第二年，雙雄再度在溫布頓的決賽中交鋒。終於，還是迎來博格輸掉比賽的時刻。接著，博格在二十六歲這個對網球選手來說還有大好前景的年紀，宣布退休。

針對大坂直美的事件，馬克安諾也發表了他的看法。他表示：「但願她不要在年輕的時候選擇走上退休之路。這也是為了大坂直美自己。」同樣的，即使是為了大坂直美的粉絲，我也希望她能夠一直享受著自己最喜歡的網球。

很重要的一點是，不要把孤獨與不安的情緒混為一談。在棒球比賽中，面臨滿壘危機的救援投手孤獨地站在投手丘上，直面敵方的打擊手。如果碰上安打或投出暴投，以致捕手無法接住投手投出去的球的話，三壘上的跑者就有可能回到本壘得分。

在這樣一觸即發的緊張與不安之中，救援投手必須投出關鍵的一球。要如何跨越這種不安的情緒，成為一名靠得住的投手呢？我認為，其中非常重要的一點，就是不能迷失自我。為了球隊，也為了自己的人生與成功，要相信自己投出的那一球。

另外，根據對橄欖球選手進行的心理健康調查結果，意外發現他們心中抱有強烈的不安感。即使是如此身強體壯的橄欖球選手，也會擔心在與對方產生碰撞或擒抱時受傷，或是憂慮於情況嚴重時甚至可能造成脊髓損傷。在與這種不安的情緒奮鬥的同時，他們還必須一邊躲開對手的擒抱，一邊持續在球場上奔跑。所有橄欖球戰士都以孤獨作為武器，在不安之中持續地奮戰著。

22

學習豪豬的生存哲學

”豪豬的困境是身上長滿刺針，與同伴取暖時會刺痛彼此，只能將沒有刺的頭部靠在一起，互相保持絕妙的距離感。“

各位覺得如何呢？讀到這裡，是否意識到孤獨的有意義之處呢？相反的，是否也感受到孤立的可怕之處呢？為此，我希望能在本章的最後告訴大家，如何在遵守社交距離的規範之下，也同時學習到防止被孤立的方法。

有一則故事叫做〈豪豬困境〉，是由德國哲學家叔本華所提出來的寓言，奧地利心理學家佛洛伊德也經常將豪豬困境的例子應用在心理學之中。

豪豬的習性是天氣寒冷的時候聚集在一起取暖，但是因為牠們身上都長滿銳利的刺針，如果碰在一起就會刺痛對方，無可奈何只好與彼此分開。可是牠們分開之後，又會變得冷到受不了。這就是「豪豬困境」。

在新冠肺炎肆虐、眾人高呼「保持社交距離」的時刻，或許就如同「豪豬困境」一樣。人與人接觸的機會越來越少，尤其是年輕人的邂逅與戀愛機會也跟著減少，說不定也會持續加速少子化問題。

由於物理與肉體上的因素加劇少子化的危機，社交距離也使得邂逅機會減少，導致結婚率降低的風險增加。

但是即便結婚、擁有家庭，在政府提倡盡量待在家中的這段期間，家人之間的衝突也在急速攀升當中。過往，因為與家人相處的時間比較少，要是遇到什麼矛盾，只要稍微相互妥協就能夠避免衝突。但是現在與家人接觸的時間變多，就算一直以來不怎麼在意的小事也會變得很容易引起爭執，使空氣中充滿濃濃的火藥味。有時甚至明明不需要特別說出來的事情也硬是要拿出來講，雙方因而開始吵架，氣還沒消就帶著不滿的情緒到公司上班，結果連在職場上都開口說出不該說的話，還因為情緒太過激昂而惱怒吼叫。因為有著這種疫情帶來的壓力，使得各地區和職場上的氛圍都變得劍拔弩張。

如果持續過這樣的日子，好不容易建立起來的人際關係就會遭到破壞。雖然孤獨也很重要，但是一旦被孤立則得不償失。若是仔細觀察豪豬，便可以發現牠們會將沒有刺針的頭部蜷縮並靠在一起，互相保持著絕妙的距離感。

23

輕鬆掌握社交距離的方法

無論是夫妻、家人，還是朋友，彼此之間保有距離也沒關係。了解自己、不迷失自我，與他人保持距離就不會有負面影響。

為了能好好地培養與他人的人際關係，我認為有七項要點可以讓我們輕鬆掌握與對方相處的距離。

一、不要過度侵犯到對方的「領域」中

雖然從物理上的角度來看，我們的處境與「豪豬困境」很相似，但無論是夫妻或親子，「不要過度地闖入對方的內心」也是很重要的一件事。舉例來說，如果連對方在職場上的行事作風都要干涉的話，就很容易造成彼此產生衝突。所謂「即使關係親近也要懂得分寸」，這個道理在家人之間也是相同的。工作是工作、家庭是家庭，應該要好好區分清楚才行。

二、不要害怕被刺痛

雖然被刺針扎到時，感覺到痛的話就會稍微分開一些；但是覺得冷的時候，又會再度聚集在一起。豪豬的生活就是像這樣，不斷重複著相同的循環。如果因為害怕被刺痛，只想著保持距離的話，或許生活會過得比較平靜，也不會覺得那麼麻煩。但是人與人之間想要互相理解，偶爾也會產生些許摩擦，有時候這樣的碰撞也是很重要的一環。當感到「好痛啊……」的時候，就與對方保持距離；想要與對方交流時，則再度與對方產生火花。反覆維持著這樣的相處模式，就能夠了解彼此之間適合什麼樣的距離。

三、絕對不要把責任都推到對方身上

除了知道彼此摩擦會讓自己感到痛楚，也千萬不能忘記自己身上的刺一樣有可能會造成對方受傷。如果討厭對方身上帶的刺，就要認真想想，自己身上的刺是不是也同樣正在刺痛對方。現在這個時代，結了婚的人有三分之一會離婚。我認為，其中一個原因也是因為人經常只批判伴侶身上帶的刺。如果能知道自己身上帶的刺也會對對方造成傷害，就可以避免過度地刺傷對方的心靈。

四、即使失敗也不要築起防衛的高牆

當經歷多次失敗的人際關係後，我們經常會覺得算了啦、不想管了，便築起心中防衛的高牆，想要放棄再度與他人建立關係。很多時候，就算是關係非常親近的朋友，也會因為連聽都不想再聽對方說話了而遠離彼此。感情越好的朋友，就越有可能碰到這種狀況。但是，原先會與對方親近的原因，應該是因為對方身上擁有自己喜歡的特質吧。試著再度回歸初心，重新關注對方的優點吧。無論是友情也好、戀愛也罷，又或者夫妻亦是，重要的是不要忘記當初接近彼此時的心情。

五、肯定自己的同時也肯定對方

認清對方不完美的地方之後，對其保持肯定的態度是很重要的。「雖然那傢伙有時候讓人感覺身上帶刺，但這正是他的魅力所在吧。」如果能以這樣的心態看待事情，或許就能與他人建立一段非常美妙的人際關係。就像自己也有缺點一樣，倘若能夠理解對方身上有缺點也是理所當然的事，就會察覺其實彼此身上都帶著可能會扎痛人的刺針。人身上若是沒有了刺針，那麼同時也會缺少些許樂趣吧。因此，只要拓寬自己的視野，想著「人身上帶的刺也是其魅力之一」就好了。

那麼，要如何才能夠在不製造流血衝突的情況下，相互認可各自身上帶的刺針呢？當豪豬與同伴聚在一起時，牠們不會豎起身上的刺針，而是會將刺針縮在自己身上，熟練地靠近彼此，努力避免將身上的刺針扎痛對方。

六、不要過度扮演「好孩子」

如果為刺針套上防護罩，或是拔掉刺針，或許就能夠成為一名「好孩子」。也許世人會將這樣的行為評價為「有所成長」，但是我們不能被這樣的話語迷惑。不如說，我們反倒要學習如何才能在保有刺針的同時，也不對彼此造成傷害，這才是真正的成長。

七、我們終究必須建立人際關係

如果因為害怕刺針，而破壞人與人之間的相處關係，是一種非常愚昧的行為。要是能以互相身上都帶著刺針的前提，來與他人建立人際關係，就更能刺激彼此，並感受其中的魅力。

那麼，想要實踐以上七點的話，應該怎麼做才好呢？前提是，每一個人都能夠實實在在地學會自立。也就是說，要抱持著「自己的生活方式要由自己決定」的信念。無論是夫妻、家人，還是朋友，就算彼此之間保有距離也沒關係。如果能夠好好地了解自己，並且不迷失自我，與人之間的距離就不會產生不良影響。這就是為了能更了解自己，而刻意將自己置身於「孤獨」之中的方法，也就是我所說的獨活。

我想要再重申一遍。所謂孤獨，並不是一個人生存下去的意思。無論是夫妻還是朋友，必須互相保持適當的距離，並好好地做為一個獨立的個體持續生活，這才是最重要的。夫妻過著獨活的日子，孩子長大成人後也過著獨活的日子。如果家庭能以這樣的形式保有和緩舒適的連結關係的話，彼此的生活應該也會更加輕鬆無負擔才對。當感到寂寞的時候，就像豪豬那樣，細心地將身上的刺收起、靠近對方。不是一味地希望對方不要靠近自己，而是去理解也有可能會被刺傷，並且思考要怎麼做，才能在貼近對方時不產生衝突，這就是智慧。

充滿個性的人身上都帶著刺，互相承認這點是非常重要的。如果人身上沒有那些刺，不只人與人之間的相處減少了樂趣，也很難有更進一步的發展。我一直都是這麼認為的。

第三章——

遠離寂寞的孤獨感，提高「孤獨力」

24

孤獨才是真正的傳染病

> 英國與日本政府陸續設立改善人民孤獨狀況的職位，可見失去人與人之間的連結會造成嚴重的影響。

除了日本，世界各地也開始關注起孤獨的相關議題。近年來，年輕人和女性的孤獨、孤立問題時常被放大討論，而受新冠肺炎的影響，大家對這個議題的關注度也越來越高了。

英國在二〇一八年新設立「孤獨大臣」這個職位，並開通名為「銀髮族熱線」的電話服務。根據調查，因為失去人際連結而造成的損失，每年高達約三千六百億日圓。在健康方面也一樣，十年內每一個人平均的醫療費用，更增加約九十萬日圓。可見失去人與人之間的連結會造成的影響是如此之大。當高齡者感到孤獨時，如果能夠利用這項熱線服務與人溝通，就可以隨心所欲地與對方傾訴任何話題。據說這支銀髮族熱線，每星期都會接到約一萬通電話。

二〇一九年，在世界經濟論壇中也提到這個問題。雖然稍微晚了一步，不過日本政府同樣開始採取應對措施，繼英國之後設立「孤獨與孤立對策責任大臣」的職位。除了處理自殺防治、照顧高齡者，也對應兒童貧困等課題。

美國耶魯大學的教授羅利・蕾妮・桑托斯（Laurie Renee Santos）在世界經濟論壇中表示：「孤獨是一種真正的傳染病。」彷彿做為佐證，針對全美國大學展開的調查數據也顯示，超過60％以上的學生感到孤獨。英國也一樣，十六歲到二十四歲的年輕人當中，共有40％的人感到孤獨；而七十歲以上的高齡者當中，有40％左右的人覺得孤獨。

日本的數據同樣顯示，因為新冠肺炎的關係，使得年輕人感到更加孤獨。然而除此之外，還有其他令人意想不到的調查數據，那就是已婚者比未婚者的孤獨感更加強烈。看到這項數據，我心裡想著「果然是這樣」。

不管是一個人生活的年輕人，還是獨居的高齡者，就算碰上疫情，被宣導要保持社交距離，他們也不太會覺得日常有什麼變化。不如說，正是因為他們之前就一直過著獨活的日子，疫情前後的生活沒有什麼太大的差別，所以反而不會感到孤獨吧。另一方面，有些年輕人的朋友很多，在疫情爆發後見不到朋友便會感到寂寞。夫妻也一樣，即使一直以來在生活中都沒有察覺到什麼不對勁的地方，但因為疫情的關係，使得雙方在家裡的時間都變多了，便可能會突然感覺到彼此之間的距離其實意外地疏遠，孤獨感也會越來越強烈。

25

「不情願的孤獨」正在急速增加

因獨處而感受到的寂寞與哀傷，是不情願的孤獨，很容易持續傳染給周遭的人，必須想辦法切斷這個連鎖。

我認為孤獨是好的，可是消極的孤獨不太好。一般來說，孤獨是一種主觀的感覺，當中又可以區分為自己心甘情願的「積極的孤獨」，以及在無可奈何的狀況下不得不體會的「消極的孤獨」，也可以將其稱之為「不情願的孤獨」，或者「不得已的孤獨」。

另一方面，「孤立」雖然是客觀的事實，不過如果因此產生「孤獨感」，則會像是無可奈何的孤獨，而且其中帶有濃厚「消極的孤獨」色彩，不如說這種孤獨的感覺又更接近於「孤立」。

以往，真實世界中的孤立被視為一大問題。而現在，在社群網站上形成的孤立也成為不可忽視的問題。在社群網站的世界裡，乍看之下任何人都可以聯繫在一起，但是孤立的問題卻似乎完全沒有得到緩解。

此外，因獨處而感受到的寂寞與哀傷情緒，好像也很容易持續傳染給周遭的人。像這樣因為孤立而產生的孤獨感，正逐漸擴散當中。

我們必須想辦法切斷這個連鎖。在重視「積極的孤獨」的同時，也要注意避免患上「消極的孤獨」這種傳染病。

我一直以來都覺得提升個人主義是很重要的事，所以心裡經常會想著：「真是多管閒事啊，我不需要國家這麼關照我的生活。」但是在當今社會，陷入這種不情願的孤獨的人越來越多，我們不能忽視這樣的現狀。

當然，社群網站也不全然都是不好的。根據使用方法的不同，社群網站既可能成為某人的蜜糖，也可能成為某人的毒藥。我所居住的長野縣茅野市，提出「智慧城市」這項制度，除了活用網路來復興當地的祭典，也舉辦環境保育和支援兒童養育等活動，期望透過這些方法，能夠不分世代地對應孤獨以及孤立問題。同時，也希望能將這類活動擴展至更多其他地區。我想，包括日本在內的已開發國家，現在面臨的重大關鍵便是「該如何對應孤獨與孤立問題」。

26 不要被人生勝利組鼓勵孤獨的話語所矇騙

對於飽受孤獨感折磨，或是無人可以求援，以及貧困的人，不要輕易對他們說出「孤獨是好事啊」這種話。

被朋友絕交而使心靈受到傷害、因為失戀而嘗到心情跌落谷底的滋味、遭受家庭暴力以致身無居所等等，許多人都被這種不情願的孤獨逼到絕境之中。例如，有些年輕人因為受到非常嚴重的排擠和霸凌，而想要自殺。每當看到他們，我會忍不住想：「對人來說，幸福究竟是什麼呢？」

雖然也有哲學家說過：「只有在孤獨中才能得到真正的幸福。」但事實真的是如此嗎？

現在坊間到處都充斥著鼓勵孤獨的書籍，但我認為還是不要輕易被這種風氣所影響比較好。我這麼說絕對不是要批判那些推崇孤獨的書籍，而是因為這些書籍大部分都是「在人生中取得成功的人」，或者「人生強者」筆下的人生論。總括來說，很多觀點都是以強者的邏輯來撰寫的。

作為人生在世的指引，或許這些觀點是很寶貴的。但我認為，對於遭遇嚴重社會孤立，或者因極度孤獨而苦惱的人來說，這些論點似乎無法為他們帶來太大的參考價值。這可能也是身為醫師的我所抱持的偏見吧。對於飽受孤獨感折磨的人，或是身邊沒有夥伴可以向其求援的人，以及身處貧困之中的人，我沒有勇氣輕易開口對他們說出「孤獨可是好事啊」這種話。

27 換個角度思考何謂孤獨

在渴望孤獨的同時，哪怕只有一點點也好，必須珍惜能夠幫助別人，以及被別人幫助的關係。

有一位邁入老年的女性，她原本在餐廳擔任非正職員工，後來因為新冠肺炎疫情的關係被餐廳解雇。迫不得已，她開始露宿街頭。她悲痛地哭訴著：「存款都要花光了，只剩下三百圓而已。」因為一直以來，她都過著就算孤獨也無所謂的生活，所以身邊沒什麼朋友，更不用說周遭也沒有關係較親近的人能夠為她提供幫助。

那麼，到底該怎麼辦才好呢？我居住的茅野市附近一個叫富士見町的地方，有個叫做Top River的農業生產組織，種植的萵苣非常好吃，可以在這裡實際體驗栽培農作物的同時，也學習到栽種技術和經營手法，至今已有七個人學成並自立門戶。因為有助於解決閒置農地的問題，這個地區的居民都懷著溫暖的目光歡迎大家的到來。當然，想加入的人也可以從短期打工開始做起。

從自身的處境轉換另一個角度來思考的話，理應能開闢新的道路。茅野市有很多空屋，也可以在這裡找到工作機會。要是像這樣下定決心考慮移居的話，不妨試著調整一下自己的想法吧。

如果是我，就會先思考自己該聯繫什麼樣的單位。例如，在網路上找找看有沒有舉辦支援活動的協會，或是打電話給「公益社團法人日本救援寺」[1]，也會找找看有沒有什麼能提供住宿的工作場所。

即使想要過以孤獨為目標的生活，也不能因此被孤立。在渴望孤獨的同時，哪怕只有一點點也好，必須珍惜能夠「幫助別人」，以及「被別人幫助」的關係。

我認識一位年齡約四十多歲的女性，她從前在特種行業工作的時候非常受歡迎，但

1 譯註：為因家暴、債務、自殺……等各種問題所苦惱的人提供諮詢與支援的公益組織。

是因為她的個人規劃，後來搬到北海道居住，並在一間提供宿舍的牧場工作。另外也有一名女性是從特種行業轉行做計程車司機的。雖然她們身處在陌生的土地，但是沒多久就與那裡的人建立起幫助別人，以及被別人幫助的關係。其中的祕訣為：努力與生活中重要的人事物保持連結，但不會多管閒事。自己是自己、別人是別人。正因為非常珍視自我的孤獨，所以也十分能夠體會他人的孤獨。因為可以做到互相尊重，才能夠結交到在危急時刻會向自己伸出援手的朋友。我不禁感嘆：理解何謂真正孤獨的人，是抱持著這般堅毅不撓的力量在生活的啊。

28

就算不得已的孤獨也有積極的意義

”有效利用獨處的時間，重新審視自我，
這就是「擁抱孤獨」的意思。“

因為新冠肺炎疫情的關係，「不得已的孤獨」正在急速增加當中。如果來到內科門診，就會發現因壓力引起的血壓上升和「新冠憂鬱」都持續增加。各個年齡層都擴散著因病毒而產生的不安心理，使肉體、精神層面受到巨大影響。經濟方面也是，因為工作問題而陷入經濟困難的人，同樣正在迅速增加。

一定很痛苦吧。但是如果只是一味地哀嘆孤獨與孤立的感受，情況也不會好轉。至少要先試著暫時停下腳步，想辦法反過來利用現在這樣待在家裡的時間，還有保持社交距離的狀態。除了注意不要被孤立，也要試著獨身自立。請各位想像一下新冠肺炎平息的後疫情時代。如果那時候，我們能夠面對自己的內心，思考從今往後我應該要以什麼樣的方式生活的話，那麼現在度過的這些孤獨時光，就不會被白白浪費掉。有效利用獨處的時間，打造嶄新的人生。透過這樣的形式，重新審視自我。我想，這就是「擁抱孤獨」的意思。

人類對孤獨的渴望，就如同肚子餓、口渴、感到疲倦，都是與生俱來的情感。有時候，我們會想要獨處、想要一個人行動，這樣的情緒是不管任何人都曾體會過的，絕對不是什麼奇怪的事情。

29

社會共同努力減輕不得已的孤獨

以全體居民的力量帶動地區發展，創造讓大家能愉快交流的環境，有助於避免社會孤立，以及防止「不情願的孤獨」等問題發生。

如果因為遭受社會孤立而陷入「不得已的孤獨」，不能對此置之不理。暫且不談精神層面的問題，在社會層面上來看，人無法不與任何人接觸而生活在這個世界上。被社會孤立、強烈地感受到「不情願的孤獨」，並不是什麼好事。

為了衡量孤立指標，「國立社會保障人口問題研究所」[1]在二〇一七年度進行的調查當中，提出「對話的頻率」、「是否有能夠依靠的對象」、「是否有能夠對其提供幫助的對象」、「是否參與社會活動」等題目。

根據調查結果顯示，對話的頻率平均在「兩週一次以下」的六十五歲以上單身男性共有15%，六十五歲以下的單身男性則有8.4%。也就是說，實際上每四名單身男性當中就有一個人在日常生活中幾乎不會與任何人說話。除此之外，處於勞動年齡階段的單身男性也很容易被孤立，並且所得越低的人也被認為越容易陷入孤立的窘境。

即使同樣是高齡者，比起女性，男性更容易陷入孤立的絕境。如同大家經常說的，許多男性工作者長年過著每天只往返於公司和家庭之間的生活，不僅不曾與社區建立關係，鄰居當中也沒有朋友。等到退休離開公司的時候，便失去能夠與自己交流的對象，很快就會陷入孤立的危機之中。

未婚族增加所導致的孤立現象也是一大問題。二〇一五年時，六十五歲以上的男性中，未婚者的比例占5.9%；根據預測報告顯示，二〇四〇年時，其比例將會成長到14.9%。除了沒有配偶，基本上大部分的未婚者也都沒有子女，這會使得他們遭受孤立的風險越來越高。或許，要說日本是全面性的獨居社會也不為過。

萬幸的是，從二〇一五年政府實施「生活貧困者自立支援制度」[2]以來，地方自治團體等機構也對社會孤立相關問題進行廣泛的諮詢討論。不過若要真正發揮社會安全網的作用，可能還需要再花上一段時間。

日本應該很快就會進入「七十歲退休制度」成為現實的時代。尤其是單身人口眾多的都會圈，理應也會成為勞動人才的寶庫。工作不僅有利於獲取收入，還能夠在職場上與他人建立人際關係，防止被社會孤立。如果政府能夠提升並強化諮詢服務的功能，為大家提供工作機會的話，或許也能創造出人民持續充滿活力地工作的社會。

另外，與各地區的非營利組織等機構合作，活用能夠為地區帶來幫助的人才，這也是一項很有效的方法。最終，如果能夠以全體居民的力量帶動地區的活躍，建造一個讓大家都能愉快交流的場所，也有助於避免社會孤立，以及防止「不情願的孤獨」等問題發生。

1 譯註：日本厚生勞動省底下的行政機關，宗旨是透過對人口、經濟、社會相關的研究調查以提升國民的福祉。

2 譯註：日本厚生勞動省建立的支援制度，為生活貧困者在全國各地設置諮詢窗口。

30 即便有家人，也會發生孤獨和孤立的危機

"花費心思煮飯給對方吃，卻聽不到對方說一句「好吃」，為對方做了些什麼，對方卻連一句「謝謝」也不說，寂寞、孤獨感，與得不到滿足的心情由此湧現。"

根據日本厚生勞動省〈二〇一九年版國民生活基礎調查〉的數據顯示，日本的獨居戶數量逐年增加，在有六十五歲以上高齡成員的家戶中，獨居戶的比例更已達49.5％。詳細調查結果如下：在只有六十五歲以上成員的家戶中，獨居男性為17.3％；獨居女性為32.2％；只有夫妻倆的家庭為46.6％；而父母和未婚子女組成的家庭，及三代同堂的家庭，加起來只有3.8％。

這真是讓人感到驚訝的數字。如果放任不管，這個社會上就會出現越來越多「不情願的孤獨」。另一方面，不僅是獨居戶，就算擁有家庭也可能會感到孤獨。根據某女性雜誌的問卷調查顯示，即便擁有伴侶、自己也還在工作，但還是認為自己經常會感覺到孤獨，或是偶爾會感覺到孤獨的人，合計約占40%左右。

花費心思煮飯給對方吃，卻聽不到對方說一句「好吃」；就算為對方做了些什麼，對方卻連一句「謝謝」也不說。面對這樣的丈夫，妻子應該也會忍不住開始思考：「自己究竟是為了什麼才成為一名家庭主婦的？」孩子已經長大、搬出去獨立生活，在同一個屋簷下過日子的就只剩下夫妻倆。我想我也能夠體會那種不由得湧現出的寂寞與孤獨感，還有那得不到滿足的心情。

男性也是一樣。即使有同居者，他們也可能會感覺到寂寞。尤其是退休之後，很難找到對自己有意義的事情去做，孤獨的感受就會更加嚴重。

而且，如果彼此都感覺到雙方已經老了，身體和心理不再完全健康無異狀，也會變得越來越不愛開口說話。這樣生活，身體的不舒服也可能成為心理憂鬱的導火線。也就是說，因為與不完美的人一起生活在同一個屋簷下，所以總是難免會感到孤獨。

相反的，有數據顯示，如果是一個人生活，因為早就已經習慣獨處，認為這是理所當然的事情，所以也不太會感到孤獨，反而還經常感到滿足。

雖然普遍來說，會認為獨居不利於健康，但是從各個層面來思考，獨居並非全部都是不好的事情。從醫師的角度來看，很重要的一點，是能不能夠接受並享受獨居生活。這就是我一直都在反覆強調的，孤獨所擁有的力量。不管是否與他人同住，重要的是意識到這份力量。就算與他人同住，總有一天會有一個人先離開。到頭來，高齡者的人生奮鬥最終是一場個人賽，我們還是必須學會獨身自立。

31

打造自己的容身之處

與社會維持連結，並且珍惜遇到困難時會幫助你的朋友，同時透過獨活來辨明自己的立足點在哪裡。

為了防止被孤立，很重要的一點是，我們是否具備建立對自己來說最適當的人際關係之能力。即便擁有家人也可能會感到寂寞，更不用說獨處的時候就更容易感到寂寞。我們必須試著改變這種局面，並且重新意識到，就算獨居也可以過不孤單的生活。為此，應該把孤獨當作積極生存於世的武器。

如同上述所說，人類如果不與社會連結就沒辦法生存下去。為此，我想提出以下建議：我們要好好地與社會維持連結，並且珍惜那些在你遇到困難的時候會伸出援手幫助你的朋友，同時透過獨活來辨明自己的立足點在哪裡。希望大家在生活當中都能重視這幾項要點。

雖然孤獨感是伴隨一生的問題，但是如果能夠建立舒心的人際關係、打造良好的群體關係，理應直到人生的終點都能夠都幸福地活出自我。

最近也有很多人會在社群網站上尋求這樣的交流關係，其結果又是如何呢？

一位活躍於社群網站上的人是這麼告訴我的：「在網路的世界裡，大家進行的是『輕如鴻毛的聯繫』。」也就是說，他們的內心總覺得，網路世界「好像沒什麼真實感。因為不是真的與對方接觸，其實沒有辦法打從心底完全信任對方。正因為如此才會感到孤獨」。為此，如果有一個能夠打從心底享受其中的場所，或是有一個能夠真切信賴的對象，並且真正與其建立連結關係的話，應該會感到更安心才對。所以，他們似乎會開設一個能和真實世界的朋友交流的專用帳號。這是一個非常好的主意。

但問題在於，要如何打造自己的容身之處呢？

後面我會再講述關於「岩次郎的日式串燒店」的故事。那是一個能夠預防產生孤獨感的地方，當你想去的時候，只要直接過去就行了，去了那裡大家都會歡迎你的。對於獨居的人來說，能否擁有這樣的場所是非常重要的一件事。若想鍛鍊個人的力量，首先要做的，就是打造一個適合自己的容身之處。

我認識一位經常會獨自去露營的男性友人。最近日本似乎興起單人露營的熱潮，聽說無論是年輕人還是中年人，各個世代都很流行一個人去露營。熱中這項活動的女性也大有人在。一個人點起篝火、自己做飯來吃，抬頭仰望星空、獨自躺在帳篷裡，只要這樣就可以恢復精神。由此可見，接觸大自然帶來的力量是如此之大。

還有一種情況是，有時候單人露營者會將不小心做太多的料理分給碰巧也在附近露營的同好，於是對方也把他做的料理分一半過來給自己。在互相不打擾各自獨處時間的狀況下，彼此分享著關於單人露營的經驗與知識。正因如此，他們才不會遭遇孤立的困境。

32

即使結婚，也可能感到孤獨

”只有不會總叨念著結婚、小孩，這些傳統價值觀的人，才是能夠享受孤獨的人。“

無論是否擁有家人或伴侶，都可能會被孤獨與孤立的危機纏上，這是我們不可忽視的事實。有些人即使結了婚、也生了小孩，身邊卻沒有任何朋友，所以內心總懷著非常強烈的孤獨感。另一方面，也有些人是即使沒結婚，卻與形形色色的人保持交流，打造起屬於自己的人際關係。此外，也有些人會認為，只要結了婚，這一生就能夠避免孤立地生活下去。但是，不管是誰都有可能會經歷生離死別。

我接觸的患者當中，有人曾說過：「我沒有結婚，所以才會那麼孤獨。」也有人提到：「我沒有生小孩，所以對老年後的生活感到很不安。」這是因為他們對婚姻和家庭抱持強烈的執著，才會被孤獨所折磨。

但是，也有很多人即便結了婚也感到很孤獨，或是就算擁有家人也覺得很孤獨。不僅是配偶，有些人的子女比自己還早離世，在不得已的情況下只得面臨家庭的瓦解。

甚至也有些人明明一直以來都遭受父母的家暴，卻必須長期照顧父母的生活起居。他們心裡憂愁著：「自己並不想照護父母。」但又苦惱於：「有這樣想法的我，是不是一個很糟糕的人？」

順帶一提，現代社會普遍來說需要接受長期照顧的年紀，大約介於八十多歲後半到九十多歲之間。這麼一來，作為看護方的子女，年齡也已經介於六十多歲到七十多歲之間了。也就是說，形成了「老老看護」[1]的情況，子女也要為了自己的老後生活竭盡全力。我想，這已經不是孩子負責照顧父母老年生活的時代了。

總而言之，我想說的是，無論有結婚還是沒結婚、有家人還是沒家人，孤獨的感覺

---

1 譯註：不管是看護方的子女，還是被照顧方的父母，雙方都是高齡者。

都不會消失。如果是這樣的話，那麼去探尋更積極的生活方式、思考能治癒寂寞的方法才是明智之舉。只有不會總叨念著「結婚啊」、「小孩啊」的人，也就是不會拘泥於傳統價值觀的人，才是能夠享受孤獨的人。如果能不執著於以往的既定觀念，就能夠好好地享受孤獨。

我建議大家透過這樣的方式放下孤獨感。這其中的意思，也包含希望大家能察覺到「不是只有自己，而是任何人都是孤獨的」這項事實。

一個人度過的時光，是一段為了面對自己內心、滿足自己渴求的時光，也是一段為了能夠更加有效運用時間的寶貴時刻。

33

孤獨有害健康

如果脫離群體、被孤立的話，不知不覺間就會產生壓力，還會引起身體的慢性發炎，也可能因此罹患其他疾病。

倫敦大學教授克勞迪婭・庫珀（Claudia Cooper）的研究小組對失智症進行研究，他們的報告顯示，增加失智症發病的因素當中，缺乏社會參與為41%、人際接觸不足為57%、孤獨感為58%。

另外，前面也提過的美國楊百翰大學心理學教授倫斯塔德等人則指出，缺乏與社會接觸所引發的孤獨感，其造成早逝的風險，比吸菸、飲酒、運動不足、肥胖等問題還要嚴重。孤獨感造成的早逝風險是肥胖的兩倍，甚至可以與重度菸癮和酒精成癮等狀況相提並論。

除此之外，從大約三百四十萬人的數據上來看，與社會有所連結的人和沒有與社會連結的人相比，前者的早逝風險比後者降低了50％。

人類的祖先原本像猴子一樣在樹上生活，之後經過演化，轉變為以雙腳站立在地上行走。跟獅子、豹，還有大象等其他動物相比，人類是非常脆弱的物種，會建立群居生活也是為了要生存下去。

所以，如果脫離群體、被孤立的話，不知不覺間就會產生壓力，還會引發身體的慢性發炎（低度、長期且持續處於發炎狀態），也可能因此罹患其他疾病。

總而言之，如果感覺到孤獨，壓力就會隨之增加。不只容易引起慢性發炎、導致血壓上升，也可能造成動脈硬化。其結果就是很容易引發心血管疾病和腦血管疾病，免疫力也跟著下降，一不小心就感染上傳染病。最終甚至有可能變得更容易得到糖尿病或癌症，以及罹患憂鬱症等症狀。

34

培養獨活的能力可降低離婚率

積極獨身自立而活的人，能夠有效利用自己的時間。他們不只明白自己的優缺點，也了解伴侶的優缺點。

除了選擇能夠信賴的夥伴，重新審視夫妻之間的關係也非常重要。在沒有培養獨自生活能力的情況下，很容易會因為「沒什麼特別的理由」，或是「因為很寂寞，所以希望身邊能有個誰來陪伴自己」的心態而談戀愛及結婚，這麼一來很難將感情長久維持下去。

為此，不妨雙方都試著培養更強大的獨自生活的能力吧。這是為了培養獨立的能力而進行的獨活。

要知道，不可能彼此都是十全十美的人，不管是誰都一定會有缺點，而你是在跟一個同樣具有缺點的人一起生活，所以才會覺得麻煩。如果因為不擅長與人爭執就選擇逃避、酗酒，可能造成酒精成癮，甚至也有人是因為結了婚才罹患憂鬱症的。

積極獨身自立而活的人，能夠有效利用自己的時間。他們不只明白自己的優點和缺點，也了解對方的優點和缺點。雖然不是這樣就絕對不會離婚，但是如果能關注對方的優點，想著「再繼續試著跟對方一起生活看看吧」的話，也可能會打消輕易就想離婚的念頭。當雙方都能積極地打造屬於自己的時間的話，也就更容易與對方產生共鳴。

比方說，嘗試每年一次，帶著以中高年齡層為主要讀者的旅遊雜誌《nodule》踏上單人之旅，是個很不錯的選擇。各自走在不熟悉的街道上，或是一個人吃飯的時候，說不定也會開始想念起對方。最近因為大家被倡導待在家中，離婚諮詢的人數也跟著增加。這是因為兩個人待在一起的時間變得更長的關係。設法打造一個對自己來說剛剛好的獨處時間是非常重要的事，如果能做到這一點，不久之後，彼此就會漸漸地以剛剛好的孤獨這樣的形式生活。

35

巧妙克服孤獨的思考方式

> 透過刻意製造獨處時間來隔絕外界的雜音，
> 便能將心力集中在思考與生活上，並享受獨處的時間。

所謂孤獨，並不是只有獨處時才會感受到的滋味。即使身處人多的地方，我們也可能會因為覺得與對方之間存在著距離，而產生孤獨的感受。這裡所說的距離，並非物理上的距離，而是心理上的距離，這就是造成社會孤立的根源。

那麼，心理上的距離又是什麼呢？我認為，比起在物理上被社會疏遠而產生的距離，或許「身邊沒有任何一個人理解自己」這樣的心理因素，更會讓人產生強烈的不安。例如，沒有人認可自己提出的意見，或是自己出於好心所做的事情卻得不到任何人的回應。如果遇到這樣的狀況，很容易就會感到不安，接著內心便會浮現「我繼續待在這裡沒關係嗎？」的想法。當情況加劇的時候，人就會感到孤獨。

德國哲學家叔本華曾經說過一段話：「一個人只有在感覺到孤獨的時候，才能成為真正的自己。不愛孤獨的人，無非就是一個不愛自由的人。」

只有熱愛孤獨，才能夠追求真理。也有人會將其解讀為「孤高」。雖然這是以超然的態度在追求理想，但並不是任何人都能夠模仿的。就如同上述提到的鼓勵孤獨的書籍一樣，那是身為人生強者才能到達的境界。對於像我們這樣總是在人生道路上迷失方向的普通人來說，似乎不太能夠拿來當作參考。

儘管如此，我仍然贊同積極地接受孤獨的態度。如果是消極地面對孤獨，很容易就會產生常人所說的那般哀傷與寂寞的心理，還會被這樣的情感束縛住，把自己封閉起來。

與此相比，積極的孤獨指的是，透過刻意製造獨處時間來隔絕外界的雜音，如此一來，便能將心力集中在思考與生活上。這麼做才有辦法享受獨處的時間。

現在已經迎來「百年人生」的時代。在漫長的人生旅途當中，不管你願不願意，獨處的時間都將隨之增加。與此同時，你是用積極的態度看待孤獨，還是反過來用消極的態度思考、使意識倒退呢？這兩種心態的不同，也會使人生的充實度產生不同的變化。

如果覺得孤獨，將自己的注意力集中到某件事情上面就行了。這樣做的話，就可以將獨處時光轉換為積極的時光。在現代社會上，我們經常不得不與人交際往來。此時，如果能保有獨處時光，會是一件非常美好的事情。

即便是為了公司或家人而工作，這段時間也很可能因違反自己本意，成為被他人剝奪的時間。各位不妨試著這麼想，孤獨是擁有屬於自己的時間的大好機會，以此好好享受孤獨的滋味吧。

36 珍惜獨處時光並降低孤獨感的生活方式

提高自我肯定感，捨棄嫉妒心，不與他人比較，不依賴他人。

・提高自我肯定感

雖然這可能只是我獨斷的見解，但我認為擁有強烈孤獨感，或是經常會覺得寂寞的人之中，有很多人的自我肯定感都比較低，而且也缺乏自信心。這樣的人經常會陷入「大家的能力都那麼好，只有我不是」這類的自卑感當中。因為無法稱讚自己，所以會產生被孤立的感覺，接著又會導致心中湧現出孤獨感。

那麼，為什麼無法肯定自己呢？那是因為這樣的人，從以前就養成消極看待任何事情的習慣。也就是對凡事都抱持負面思考。有時候別人只是稍微發表他們的看法，自己卻會因為過度解讀那些言論，使得心靈受到傷害，而產生這個人並不信任我的想法。如果想要改善這種情況，首先要做的，就是從相信對方開始。如果以人格或是性格的角度看待這個狀況，很容易感到痛苦，只要把它想成是一種習慣就好。如果只是習慣的話，改掉它就可以了。人格很難修正，但習慣就有辦法改掉。雖然這並非易事，但是絕對可以改變。我就是抱持著這樣的想法，改變自己負面思考的習慣一路走過來的。

・捨棄嫉妒心

要是嫉妒心或執著心太強烈，也會造成問題。因為這樣的人很容易就會把他人拿來和自己比較，所以也很容易放大心裡的孤獨感。舉例來說，如果看到認識的人過著非常充實的生活，嫉妒心或執著心強的人就會忍不住想跟他們比較，與此同時，心裡的孤獨感和寂寥感也會跟著增加。

・不與他人比較

人類是一種經常不自覺地就會把他人拿來與自己比較的生物，但比較終究也只不過是比較而已。比方說，當與對方比較之後，要是認為自己比較占上風的話，就能夠因此獲得根本上的滿足了嗎？著實令人感到懷疑。我認為，就算與他人比較，也無法從根本上消除不安和寂寞的感覺。如果想要體會發自內心的幸福滋味，還是必須磨練自己的本質。更何況，要是因為與他人相比而產生自卑感，還有可能會變成引發憂鬱症的導火線。所以要捨棄老是與人比較的習慣，把興致放在其他事情上面才好。

・不依賴他人

另外，許多擁有強烈執著心的人，都會不自覺地依賴情人或父母，因此經常陷入不安的情緒之中。因為執著心很強，所以總是認為身邊的人理所當然要站在自己這一邊。但是，不管是情人還是父母，都擁有與自己不同的人格。為了正確地看清這一點，自己必須有所改變。

37

不與他人比較，隨心所欲地生活

隨心所欲並非完全不顧及他人情緒，
而是面對自己的內心、不與他人比較，才能夠培養自我。

如果把他人拿來和自己比較，無論如何都有可能會受到自卑感折磨，反之也有可能會被優越感侵蝕，不管是哪一種都不能稱之為積極正向的情感。但是，人很難將這種與他人相比較的心態完全消除也是事實。因此，讓我們來想想看，要怎麼做才能戒掉總是與他人相比的壞習慣吧。

羅馬帝國初期的斯多噶主義[1]哲學家、政治家塞內卡（Seneca）曾說過：「你怎麼看待自己，遠比別人怎麼看待你來得重要。」面對自己的內心、不與他人比較，才能夠培養自我。

・不要在意周遭人對自己的評價。

也就是說，我推薦各位隨心所欲地生活。雖然說要隨心所欲，但這並非完全不顧及他人的情緒，而是把他人從自己的世界隔絕出去。不過，如果這麼做的話，可能有些人會反駁：「這樣做會被朋友討厭吧。」但我認為，所謂「朋友」，本來就是可以真心交談的對象，而且不管是什麼事情都能夠開口和對方說。或者，假設有什麼狀況需要幫忙的話，就算排除萬難也會前來協助解決。像這樣子的人，一生中只需要一、兩位就足夠了。我想，這就是所謂的連結吧。

我預計要到長野縣的醫院赴任的時候，身邊許多同屆的醫學生非常嚴正地勸告我：「不要去那種鄉下的虧本醫院吧！」的確，這感覺就好像是自己身處「刻意跳入火中取栗」的風險當中一樣。但是，我本來就對出人頭地或派系鬥爭什麼的沒興趣。比起那些，我更希望能在醫療工作中做自己想做的事情。

雖然我還沒有把自己想做的事情都全部做完，但是能和這裡的醫生共同合作，成功在各個農村之間展開健康鍛鍊運動，對我來說已經是很驕傲的一件事。實行這項活動之後，我們讓長野縣這個當時日本寥寥無幾的「短命縣」，成功轉變為現在數一數二的「長壽縣」了。

從孩童時代開始，我們就一直活在充滿競爭的世界當中。在學校時，我們被評斷成績和運動表現的優劣；出社會之後，又被他人評價職位、年收入和升遷狀況。但是，如果我們一直都將別人對自己的評價拿來當作衡量自己的標準的話，就無法去做自己真正想做的事情。我的建議是，我們只要在不對別人造成太大麻煩的狀況下，隨心所欲地過自己想要的生活就好。

・比起與他人比較，更要重視自己的滿足感。

人類在獲得滿足感的時候，會感覺到自己是幸福的。舉例來說，不管是運動還是學業，又或者是業務成績，如果覺得自己達成目標，就會得到滿足感。另一方面，在與他人的競爭中，即使擁有滿足感，也不會持續很久。除此之外，若是不斷與競爭對手較勁

1 譯註：哲學家芝諾（Zeno）在西元前三世紀初期創立的古希臘和羅馬帝國思想流派。

誰贏、誰輸，難道不會覺得心很疲憊嗎？就算贏了一時，要是心裡懷著下次有可能會被追過去的念頭，就無法感到安心。假如只有在高人一等時才能真正感受到自己的價值，代表自己無法給予自己評價、不相信自己的能力，這也是一種缺乏自信的表現。

所以不如試著轉換目標，想著我的對手就是自己吧。放棄與他人做比較這種相對的評價，去思考對自己來說什麼才是快樂的、有意義的。如果能像這樣具備絕對評價的基準，理應能夠為自己帶來成就感和滿足感才對。

‧不再想「好希望能得到別人的稱讚」

應該有很多人會因為希望能得到社群網站上的「讚」，而上傳一些看起來很上鏡的照片，或是引人注目的影像對吧。背後的原因在於希望被認可、想要獲得讚賞，這類渴望得到認同的心理。

像這樣希望自己的存在能被認同的欲求，是每個人都會有的。但是，如果這種欲求過於強烈，很容易就會失去自我，變得只要稍微遇到一點點失敗就陷入不安的情緒當中。

．讓感到不安的那段「時間」消失

如果一個人待在家裡或任何地方，什麼事都不做的話，很容易就會感到不安，或是產生孤獨感。當自我的內心開始動搖，心中的不安便會蔓延並增生出裂縫。

假如沒有這段空白的時間，那麼感到不安的瞬間應該也會跟著減少。為此，擁有自己真正熱中的興趣是非常重要的。無論是運動也好、讀書也好，只要擁有能夠讓自己投入其中的事情，做什麼都可以。尤其運動是最合適的，基本上我們在活動身體的時候，能夠放空自己的大腦，所以不安的情緒理應也會跟著消失。

透過這樣的方式沉迷於某事之中，就可以消除不安的情緒。雖然說，如果有一些能讓自己感到開心或興奮的事情還是最好的，但我想並非一定要如此。稱之為消遣可能感覺比較輕鬆，我考慮的是，要能排解煩悶、使心情更舒暢，讓獨處時間更充實。

總而言之，讓腦子裡充滿其他事情就好了。也許這就是所謂的消愁解悶吧。我認為，這正是能夠填補心靈空缺、消除不安的方法。

38

掌握孤獨的技巧

> 獨活是在孤獨中沉著堅持，傾聽自己與周遭的聲音。感受身處的環境對自己的情緒、思考、身體產生什麼影響。

關於孤獨感所帶來的痛苦，也有人提出這樣的主張：「這種孤獨感，是來自於總是忍不住認為『孤獨是不應該的事』的心理。」

如果認為孤獨是不應該的話，很容易就會把自己當作被評判的箭靶，產生「我真是一個沒用的人啊」，或者「我之所以會這麼孤獨，是因為我不被任何人愛著吧」等想法。這種由自己所產生的負面情緒，會越來越把自己逼入絕境，最終導致孤立。

・放任自己一下

為此，與其批判自己，不如試著放任自己一下吧。也就是說，可以這麼想：「孤獨又不是什麼壞事，而且也不是只有我一個人是孤獨的啊。我只需要接觸那些自己想要接觸的人事物就好了吧。只要不被孤立，總會有辦法的嘛。」

・試著思考孤獨的意義

獨活真正的意義，是在孤獨中沉著堅持，傾聽自己與周遭的聲響。這裡特意使用「聲響」這個詞來表達，總而言之，就是要去感受現在身處的環境對自己的情緒、思考、身體產生什麼樣的影響。如果把網路上的批評，或者生活中的閒言閒語當作人發出的聲音來聽的話，內心便會感到越來越難受。但如果把它視為一種環境產生的聲響，就可以將討厭的話語當成雜音，只要把這些雜音從心裡抹去就行了。靜靜地聽著，相信不久後便能明白自己今後該怎麼應對才好。當心靈感到平靜，不安和孤獨感理應也會跟著消失。

．明白會產生孤獨感是很自然的事，而且它不會一直持續下去

假如認為不安感和孤獨感是很奇怪的事，並認為這種感覺會一直持續下去的話，那麼它無論多久都不會消失。但如果想著明天的事放到明天再說，隔天早上反而能若無其事地醒來。即便有點勉強，也要讓自己相信這樣的情緒不會一直持續下去，這件事是非常重要的。不過，如果長時間都將不安感和孤獨感等情緒放置不管，不僅對身體不好，還有可能使心理狀態變得憂鬱。所以，不要覺得不好意思，試著和身邊那些似乎能幫助你的人商量很重要。也就是說，至少要想辦法防止被孤立。在某些情況下，盡早向心理輔導機構或諮商心理師等人尋求幫助，是一項有效的方法。不用覺得難為情，也不用感到害怕。如果能夠早一點面對，就能夠早一點從泥沼中脫身。

．不要總是只期望對方能好好對待自己

為了防止被孤立，首先自己必須懷有一顆珍視對方的心。此外，擁有不求回報的精神也非常重要。不可思議的是，當你開始珍惜對方，總有一天也會迎來得到對方重視的時刻。這不僅是針對認識的人而已，對不認識的人也是一樣的。好好地對待對方是一件

非常重要的事情。這就是獨活的奧義。

這樣小小的行為不僅能讓他人感到開心，還能滋養自己的心靈。想法與行動的不同，也決定了自己能否從孤立和消極的孤獨感之中逃脫出來。

如果能夠好好掌握孤獨，也就能夠好好與家人相處。不用再為了堅守自我的孤獨而板著一張臉，也不會再讓空氣中飄散著好像要拒人於門外的氣氛。不如說，你也能逐漸成為一名「微笑達人」。在笑容的背後，肯定也會具備堅守自我的強勁力量吧。要是更擅長掌握人與人之間的相處距離的話，當遇到面臨困難的人，自然會對其伸出援手。唯有這麼做，才能好好地守護屬於自我的獨處時光。倘若過度在意要守衛自我的孤獨，導致周遭產生劍拔弩張的氛圍，想必無法成為一名「孤獨達人」。

39 鍛鍊強烈的自我意識

”持續鍛鍊強烈的自我意識，就可以增強孤獨力。如此便不會被互動不良的人際關係打敗，也不會被束縛住。“

若想提升自己的孤獨力，在「剛剛好的孤獨」之中變得更強大，重要的是必須加強培養「自己是自己」的意識。為此，我思考了應該要怎麼做才好：

・在「情緒日記」中，書寫並整理出每天的行動和情緒

記錄每天日常的情緒，或者發生什麼事情時有什麼樣的感受。例如：認為很開心的事、覺得很痛苦的事、感到很悲傷的事等等，將其整理起來，寫成一本情緒日記。

無論再細微的小事都沒關係。根據研究結果顯示，如果能找到自己做得很好，或者很努力了的地方，並且能勉勵自己的話，就可以釋放積攢已久的情緒、使心靈得到治癒，也能活化自律神經、提升免疫力。另外，即便遇到討厭的事情，如果能寫在情緒日記上，就可以將那些不愉快都拋到日記中。也有報告顯示，這麼做可以睡得更好，還可以改善失眠的症狀。

當心靈得到安慰，就可以恢復自信心。重點是不要跟別人比較，而是要肯定自己。如此一來，不安和孤獨感理應也會跟著消失。

被稱為「書的詩人」、「生命的詩人」，以詩集《正因為是人》等作品聞名的詩人、書法家相田光男曾說過這麼一句話：「別人的標準、自己的標準，都有著各自不同的尺度。」

以下的話我就只在這裡說了，其實我並不是那麼喜歡相田光男。雖然我總是感嘆他會說些絕妙的話語，但因為覺得他實在太能說善道了，很多時候我並沒有被他所說的話打動。可是，我還滿喜歡這句話的。

若以他人的標準來衡量自己，沒有辦法正確地度量；若以自己的標準來衡量他人，同樣也無法準確地估量。在鎌田式的情緒日記中，總是會以自己的標準來衡量事物。就像從我的衡量標準來看，我認為他的文章和他所說的話都很「絕妙」。我認為，透過反覆記錄情緒日記，可以孕育出人的性格。不用跟大家一樣也沒關係，每個人的衡量標準不同也沒什麼不好。

寫到這裡，就稍微和我原本敬而遠之的相田光男產生連結了。就像這樣，情緒日記會記錄下批評，也會與一些人事物產生連結，自由不受拘束地書寫就好了。

用自己的標準來衡量自己，也能重新審視自我的內心面貌，察覺過去連自己都沒發現的自己。如果能在腦海中持續鍛鍊強烈的自我意識，就可以增強孤獨力。如此一來，不僅不會被人際關係打敗，也不會被束縛住。並且，在遭遇新冠肺炎疫情這樣的環境之下，還可以在保護好自己性命的同時，也切實保有屬於自我的生活方式。重要的是，能夠創造一個好好面對自己內心的時間。

雖然人經常會認為：最了解自己的，絕對是自己。但實際上，我們卻很少有機會能仔細思考與自己相關的事情。

如果覺得寫情緒日記很麻煩，那麼請在筆記本或備忘錄上盡可能地寫下你能想到自己的所有優點。這當中肯定會有連自己都沒發現的自我面貌，只要找出這些優點，並努力發揮就好了。

重點是，這麼做有助於擺脫拿別人和自己做比較，這種相對性的評價。這也是從「將注意力放在自己身上」開始邁向「剛剛好的孤獨」的第一步。

・讓目的更明確，並確認是否與自己的信念相符

在下一個階段，讓我們再向前邁出一步吧。可以試著預先為工作與生活定下目標，並且每天確認目標達成的程度多寡。如果覺得今天比昨天做得更好，那就給自己一點自我肯定吧。

但是，請不要用數字或名次等太淺顯的指標作為自己的目標。這樣的指標所呈現的終究只是結果而已，並沒有反映出過程或想法。因此，最好還是以「信念」進行評價。例如，對於「目的」的看法如何、其中有沒有弄錯什麼事情、是否已經達成目標等等。這就是「信念」，以此能更清楚自己必須做的事情究竟是什麼，並且將其履行。當目的明確、信念穩固，多餘的雜念也就會跟著消失。

也就是說，我們只要隨心所欲地照著自己的想法去做就可以了。假如我們能夠把自己認為「就是這個！」的事情持續下去，就必定會有所成長。當我們有所成長，成果也

會隨之而來。

這並不是為了讓人在商場上取得成功，或者在人生中獲取勝利而提出來的建議。若想度過孤獨的日常，就不必迎合他人，而是要更清楚自己的目的與信念，這才是更靠近孤獨的道路。

從結果來看，越是重視孤獨的人，就越能去做自己想做的事情。理所當然的，我認為這樣的人更有可能博得人生的成功，也更有機會在商場上嶄露頭角。

為了置身於積極的孤獨之中，保有自我意識很重要。但是，等到成為孤獨達人的時候，自我的意識也會跟著消散。無關自己還是他人，最終都會像老子所說的自然無為，形成「道常無為而無不為」的狀態。這裡所謂的「自然」，是「自己如此」的意思。也就是說，完全不受外界的影響，也不是自己控制的，而是以原先的狀態生長。能夠透過這樣的方式來發掘屬於適合每個人的「剛剛好的孤獨」是很重要的。

比爾・蓋茲曾這麼說過：「把自己拿來和世界上的任何一個人比較，是一種侮辱自己的行為。」

比爾・蓋茲不僅是微軟的創辦人，作為世界首富也廣為人知。他還有一件事很出名，那就是他在日常生活中是一名徹頭徹尾的節儉人士。明明坐擁巨額資產，搭飛機時卻坐在經濟艙；投宿飯店時，也不會選擇高級套房；喜歡吃的食物是速食。正因如此，他看起來就好像是一名很典型的儉樸者。

但是，他每年都會透過自己經營的財團向各個領域捐贈巨額款項。其中似乎包含這樣的哲學：「我的資產並非屬於我自己的，而是全世界的人給予我的。」像這樣的「隨心所欲」，全世界都會非常歡迎吧。

不過我認為，能夠貫徹這樣的生活方式，是因為他不會與其他人比較，平常也總以不輕易受外界動搖的孤獨形式而活。正因如此，他所說的話才會那麼具有說服力吧。

40

孤獨擁有巨大的力量

> 如果明白孤獨之人所擁有的力量，
> 那麼也就具有更強大的力量能衝撞高牆、抵抗權力。

如果明白孤獨之人所擁有的力量，那麼也就具有更強大的力量能去衝撞高牆、抵抗權力。孤獨之人有時候會做出一些特殊的舉動，那樣的舉動充滿了人性。我偶爾也會透過電影學習孤獨，我認為在藝術之中學習孤獨是一件非常棒的事情。

有一部名為《長跑者的孤獨》（*The Loneliness of the Long Distance Runner*）的電影，從大銀幕上能感受到它呈現出來那令人絕望的孤獨感。

這是英國導演東尼・李察遜（Tony Richardson）的作品，為距今六十年前製作的電影。透過影像，可以感覺到這部電影當中緊迫的孤獨感。

這部電影主角的腳程相當快，其理由是為了要活下去。他被警察追趕時，雖然拚了命地想要甩掉對方，最後卻還是被抓住。後來這名年輕人被送往感化院，並被召集參加感化院與私立學校舉辦的田徑比賽。這場賽事直到最後一刻都是令人提心吊膽的激戰，勝利已在眼前，卻發生了出乎意料的狀況。

一九六〇年代，歐洲電影界以法國為中心，掀起了一場名為「法國新浪潮」的電影運動。同時，英國自由電影運動的「憤青」則興起另一波新的浪潮。當時，他們發表的許多作品描寫的都是關於鬱悶、不屈服於權力的年輕人等內容。透過銀幕，我感受到當中迫切傳達出的憤怒，以及對生存的激昂情感。同時，也感受到從另一方面蔓延而來那絕望的孤獨……

就這樣，我被電影特有的孤獨表現深深擊倒。

第四章——在團體之中才更須具備的獨活精神

41

不分年齡，享受孤獨

"如果執著心很強烈的話，就很難接受自己的改變，導致自己陷入孤獨的窘境之中。"

披頭四樂團的約翰·藍儂，以及蘋果公司的創辦人賈伯斯等人，他們在年輕時都是孤獨的。雖然我並不認為一定是因為孤獨才能孕育出像他們一樣的天才，但是我在想，會不會正是因為擁有孤獨的時光，才能引出埋藏在自己心中的想法，並且孕育出那些無論是自己或周遭都察覺不到的珍貴事物呢？

從動物學上來看，人類是一種非常脆弱的物種。為了在誕生地非洲大草原上存活，便開始組建家庭、與夥伴聚集在一起生活。所以，人類要是獨自一人的話，就會感到寂寞、哀傷與孤獨。或許也可以說，這就是人類的本能。

在日語中，孤立和孤食，都帶有「孤」這個字，經常會給人一種並非什麼好事的印象。但是，眾人聚集在一起就等同於幸福嗎？雖然每個人的價值觀都不同，但是比起盲目地對孤獨抱持恐懼、選擇不斷逃避，我們更需要重新審視孤獨這件事，讓自己即便獨處也能夠泰然自若。

我原本也是一個很容易就會感受到強烈孤獨的人，但從某個時期開始，我便以與其忍受孤獨，不如好好享受孤獨的想法生活。

隨著年齡增長，人會失去各式各樣的東西。退休時，可能會喪失頭銜、失去工作，同時也不再擁有屬於自己的名片。年紀大了，出席聚會的場合越來越少，珍貴的朋友也可能因疾病而離世。在某些情況下，甚至會與家人分離。

但是無論年齡大小，有些人可以享受孤獨，有些人卻無法享受孤獨。這取決於個人是否具有強烈的執著心。如果執著心很強烈的話，就很難接受自己的改變，導致自己陷入孤獨的窘境之中。

如果擁有強烈的執著心，看到同齡人表現活躍時就會覺得羨慕，還會開始與對方比較，並且認為自己真沒用。但是，歸根結柢，別人是別人、自己是自己。能以自己的方式想通這個道理的人，是非常強大的。

42

藉由獨處時間修正人生軌道

”如果能夠好好面對真實的自我，
會自然而然萌生想要更珍視自己的念頭。“

孤獨的時間正好適合用來修正人生軌道。如果一個人聚精會神地思考，就能夠發現人生的本質。但假如和別人待在一起，比起自己本身，注意力會更朝向外部。若是處於這種狀態，便很難面對自己的內心。獨處就不會受其他人影響，也不會被誰限制，可以全神貫注在自己身上。也就是說，獨處時間是能夠磨練自己內心的時間，可以重新審視自己的想法、行動，以及價值觀。

當陷入低潮時，靠著與朋友玩樂來恢復精神固然也很好，但如果能試著稍微與朋友保持一段距離，就更容易修正自己的人生軌道。如果因為害怕被排擠而繼續偽裝自己，很可能會迷失真正的自我。若想找回真正的自我，獨處時間是必要的。一個人專注凝神時，便能傾聽自己內心的聲音，使心靈平靜下來。

而且，如果能夠好好地面對真實的自我，今後應該也會自然而然萌生想要更珍視自己的念頭。這是因為我們已經意識到，自己在什麼樣的時刻會感到幸福，也明白為此應該怎麼做對自己比較好。

這就是擁有心靈的餘裕，或者是心靈得到滿足。除了不再勉強自己做一些以往勉強自己做的事情，應該也會比過往更加喜歡自己才對。

43

所謂孤獨就是珍視每個個體

孤身就是在尊重周遭每個不同個體的同時，
也以自己的步調生活。

我認為，孤獨就是回復到只有自己一個人的狀態，重新審視自己，也就是注重個體的存在。如果每個人都能夠重視個體的話，想必也能夠更尊重自己身邊的家人、朋友，還有伴侶等不同的「個體」。

上述也是對於「孤身」的推薦。前面提過，我推崇在為他人著想的情況下，隨心所欲地做自己想做的事情，孤身也是同樣的道理。在尊重周遭每個不同個體的同時，也以自己的步調生活。

現代的年輕人，尤其對「孤身」抱持好感與歡迎。雖然這個世代的年輕人經常遭受批判，像是認為他們太過我行我素，或是覺得他們到底在想些什麼啊。但我很喜歡他們不拖沓又乾脆的爽快性格。因為不會阿諛諂媚他人，行動和思考也都更清晰明確。

他們可能都曾因為日本社會這種「歸屬於某個團體」、「對周遭察言觀色」的觀念感到痛苦。我想，正是因為如此，他們才會希望成為能夠享受孤獨的人。並且，他們也會開始認真地思考：「為什麼不能獨自一人呢？」同時，也變得不再抱有「孤獨＝不被允許的事情」這樣的成見了。

這樣的趨勢也許會改變今後日本的社會結構。無論在社會上，還是與朋友相處，又或者在職場當中，如果越來越多人覺得緊密地與他人黏在一起又悶熱又難受，那麼，強迫自己像周圍的人一樣行動而產生的壓力也會隨之減少，日本整體社會的氛圍或許也會因此變得更爽快舒適。

44

孤獨是人類的本能

> 真正重要的關係到底是什麼呢？
> 仔細想想，說不定會發現其實很多關係都是不重要的。

人類在成為社會的一分子之前，首先是自然當中的一分子。出生的時候是一個人，死亡時也同樣是一個人，本質上是個孤獨的存在。照理來說，不管是誰都會有想要獨處的時候。雖然大家熱熱鬧鬧、開心度過的時間很重要，但我們同樣會有想要獨處的時候。例如，獨自一人聽著音樂、讀書、泡上一杯好喝的咖啡；或者，我們會有想要自己悠閒地望著窗外景色變化的時候。聆聽下雨的聲音、孤身佇立其中，這也是一段令人感到愉悅的時光。孤獨是人類的本能。不管是誰，偶爾都還是有想要獨處的心情，這樣的想法是會一直潛伏在心裡某處的。

當然，只有與人產生連結，才能夠擁有豐富多彩的人生。但這是建立在好好與人保持良好關係的前提之下。如果是半吊子的關係，或者只有單方面的依賴關係，以及讓人感到負擔的關係，就不可能在其中得到滿足感。

前述提到，在網路的世界裡，大家都可以沒有負擔地跟陌生人分享彼此的興趣和關心的事物。這雖然也讓我們得到好處，但反之往往會讓我們陷入「必須一直和別人保持聯繫」這種揮之不去的念頭當中，同時導致我們感到孤獨。

但是，真正重要的關係到底又是什麼呢？仔細思考這件事，說不定會發現，其實很多關係都不怎麼重要。

職場上的工作夥伴、社團同好、朋友，認識的人越多，要花費的相處時間也就越多，從中留給自己的時間卻所剩無幾。一不留神，才發現自己已經成為一個聆聽別人訴說牢騷的對象，有時候還會攪和到第三者的誹謗或謠言之中。在參與這些事情的時候，最重要的自我可能也不知道被拋到哪裡去了。

希望大家不要忘記，孤獨是人類的本能。為了避免被不必要的關係搞得手忙腳亂、防止被無所謂的關係奪走自己的寶貴時間，或許我們該試著鼓起勇氣去斷捨離掉一些與他人的連結關係。雖然沒有必要像出家人那樣斷絕一切與外界的接觸，但是因為有些人際關係會干擾自己寶貴的獨處時光，我認為偶爾對人際關係進行大掃除是一件很重要的事。

45

不和他人比較，就不會陷入「寂寞的地獄」

”

不與他人比較，珍惜自己的個性，獨處時光會更加充滿活力，「獨活」會進行得更順利。

“

有些人的內心總充滿想與他人比較的嫉妒心，困在自己創造出來的絕望感之中，導致他們陷入寂寞的地獄。如果我們能夠不與他人相比，就不會落入孤獨的陷阱。

有位名叫藤村俊二的男演員，上了年紀的日本人應該都知道他。他的演技生動瀟灑又觸動人心，人稱「咻咻先生」。除了當演員之外，他還在六本木經營一家叫做「O'hyoi's」的時髦酒吧。每當店裡有討厭的客人來訪，他就會「咻」地一溜煙就逃走，據說正是因為這樣才會被取名為咻咻先生。我平時會去這間酒吧拜訪他，他也會到「岩次郎小屋」來，那是我晚年和父親共同生活的地方。我們經常一起聊天。

他曾說過：「我從年輕的時候開始，就一直覺得和他人比較會帶來不幸。」接著他又說：「雖然我也想過，希望自己穿的衣服能比別人身上穿的更好，或是想要吃一些好吃的食物，也想要做很棒的工作……」

「不管是誰，只要開始跟別人比較就會覺得不滿足，一比較起來就沒完沒了。但是，如果自己覺得現在這樣就足夠的話，不就好了嗎？與其跟別人相比，不如好好珍惜那些自己喜歡的東西，還有那些擁有自我本色的東西，這樣生活一定會更開心。」

這是「咻咻先生」獨有的人生觀。唯有不勉強自己與他人相比，才能以最真實的自我而活，並產生「事情該如何發展就會如何發展」的覺悟。於是，執著也會漸漸消失，開始覺得算了，沒關係啦！如此一來，就能成為一個無比自由之人。而咻咻先生就好像是貫徹這般生存之道而活的人。

不比較，是一種非常重要的生活方式。和別人比較，很容易在不知不覺間做些無謂的努力。如果能過著不與他人相比的生活，便能培養自己獨有的特質，這就是個性。如果能更珍惜自己的個性，獨處時光會更加充滿旺盛活力，獨活也能進行得更順利。

46 改變生活習慣，積極地獨活

透過改變過往的行為模式，增加獨處的時間，工作與生活各方面的事情也會跟著好轉。

有一心理學用語叫做「行為改變技術」，其特性為重新評估過往在沒有特別留意的情況下所採取的行動，並減少不符合期望的行為模式，增加符合期望的行為模式。如果把它想像成去重新審視連自己也沒察覺到的「不好的」部分，再逐一引導出理想的部分，應該會比較容易理解。

實際上，我也曾經體驗過行為改變技術。我在高中三年級時立志成為一名醫生，並將「凌晨四點半起床、埋頭讀書準備考試」這件事作為自己的任務。前面也曾稍微提到，我是那種被朋友邀約時很難拒絕對方的性格，所以我想如果是一大清早的話，朋友應該也不會跟我說要一起玩吧。現在看來，這真是出色的獨身自立啊。

幸好，對我來說早起並非什麼難事，而且我在那之後也一直都保持著早起的習慣，多虧這樣的行為改變，我才能在當醫生的同時也寫下幾十本書。

就我而言，我透過早起改變過往的行為模式，雖然增加了孤獨的時間，但是各方面的事情也都跟著好轉。那些因為早起而多出來的時間，不只能用來學習，還養成了我寫詩、寫文章的習慣，這些經驗也一直支撐著現在的我。僅僅是打造獨處的時間，生活方式就因此跟著轉變，甚至連人生也一起改變。

之所以如此，是因為就算只改變一項行為，也會產生自信心。要是擁有自信心，就能向前邁出更大的一步。於是，在小小的行為改變不斷累積之下，便能引發出乎意料的巨大變化。

47 活用獨處時間的心法

”試著去思考想做什麼事，也是鍛鍊面對獨處時間的能力，會讓你變得越來越強大，成為一個更有趣的人。“

請各位試著稍微改變一下生活習慣，創造屬於「自我式」的獨處時間。你的「行為改變技術」就從這裡開始執行。正如我再三強調的，一個人度過的時光，不只是為了能發現嶄新自我的一段時光，同時也是為了使人生更豐富的一段時光，能成為我們的精神食糧。

不過，要如何度過「獨處的時間」會比較好呢？我的結論是，最好能「盡情地做自己想做的事」，並且要「解放自我，成為更加自由的自己」。

孤獨的特權就是可以隨心所欲地利用自己的時間。不管是想吃的食物、想看的事物、想去的地方，建議各位可以不用顧慮任何人，全部都盡情地去試著做做看。

無論是沒有計畫地前往不熟悉的街道，還是沉浸在讀書與看電影的樂趣之中，只要是自己一個人，就能夠毫不在意時間，盡情享受其中。如果能學會獨身自立，生活就會變得更加開心，內心也會感到喜不自禁。因為在做的這些事情，都是自己喜歡的事情。

有一說，「人生二期作」[1]，就是從被綁手綁腳的生活方式中解放出來的全新人生。

試著去思考，自己想做的事情是什麼？這就是在面對自己的內心。不知不覺間，也漸漸地在鍛鍊自己面對獨處時間的能力。於是，你就會變得越來越強大，成為一個更有趣的人。

或許在某些人的眼中，你是一個不可思議的人，也有些人可能覺得你擁有獨特的魅力。但是，你根本不必去在意這些事情。假如能更重視自己、持續鍛鍊自己，那麼對自我的執著也會漸漸淡化，能夠如實地接受原本的自己。所謂獨處時間，就是像這樣可以

1 譯註：「二期作」為農業用語，指的是一年內在同一個耕地中進行兩次耕作及收穫。

持續鍛鍊自己的時間。

雖然在新冠肺炎疫情的影響之下，民眾被限制不能群聚飲酒，但如果是獨自喝酒，感染病毒的風險就比較低。除此之外，如果有平時常光顧的店，也能藉由單獨造訪，確認自己是不是真的喜歡這家店。

一個人去旅行也很不錯吧。可以試著遠離自己一直以來所待的地方，一改平時所見的風景、呼吸不一樣的空氣。一個人的話，就可以去自己想去的地方，不用顧慮任何人，只要自由自在地享受其中就好，還可能邂逅新的發現。當踏上陌生的土地時，不僅對心靈，對大腦也會產生良好的刺激。

48

挑戰新事物，發現真正的自我

"請先開始進行那些你腦中所想到的事情吧。透過反覆實踐這些行動，就能找到屬於你的獨活。"

如果一個人行動，不管做什麼都很自由，不用配合別人的行程，也不會對任何人造成麻煩。挑戰新事物也一樣，這有助於我們重新認識自我。

・刻意挑戰自己不擅長的領域，拓展自己的人生視野

比方說，學習一些技藝，或者參加體驗課程，勇於挑戰自己不擅長的領域，以此拓

展自己的人生視野。也可以嘗試閱讀至今沒時間、沒機會翻閱的古典文學或長篇小說，以此增廣自己的見聞。這些都是很不錯的選擇。不妨試著規定自己「每天這個時間就是閱讀的時間」，挑戰那些能夠發人深省的書籍。讀完書之後的成就感，想必也是非同尋常吧。我曾讀過小說家丸山健二的《千日琉璃（上下卷）》，這部作品厚達一千多頁。翻開書頁，就可以看到從「我是沙漠」、「我是洞窟」、「我是巨星」、「我是未來」開始寫起的句子，不遵從任何人事物的自由敘事就此展開。雖然當中也有很多讓人摸不著頭腦的地方，但是讀著讀著就會感到豁然開朗。如此這般，獨處的時間也變得更愉快了。

・在畫廊或美術館接觸藝術

我最推薦的，是保持著邂逅新世界的心情，到畫廊或美術館接觸藝術作品。如果可行的話，接觸現代藝術是比較好的選擇。在藝術的世界裡，沒有絕對正確的答案。要怎麼解讀作品都是每個人的自由，所以鑑賞者可以隨心所欲地思考。這不僅能釋放自己的心靈，還能為大腦帶來刺激。

如果跟別人一起行動的話，總是會忍不住在意對方的意見。為了不被他人的想法左右、好好地欣賞自己喜歡的作品，我推薦大家一個人參觀展覽。反正這當中一定也有許多讓人弄不明白的地方。說不定連作者都不明白。我會在那裡思考我喜歡的是什麼樣的作品，並且花時間好好地觀賞那些我喜歡的作品。每個人喜歡的作品本來就應該不會相同，其他人心裡是怎麼想的與自己無關。從這裡展開獨身自立生活也很不錯，因為這是非常容易就能夠辦到的事情。

就拿我的例子來說好了。我在六十歲左右時，很喜歡一位名叫克利斯提昂．波坦斯基（Christian Boltanski）的現代藝術家。當時新潟線十日町正在舉辦「越後妻有大地藝術祭」，當中也展示他的作品，所以我就去參觀。作品名稱為《No Man's Land》，這是一個把成堆廢棄衣物疊得像山一樣，再用起重機一下子把堆疊的衣服夾上來，一下子又放開起重機的夾子讓衣服掉落的作品。藝術祭場館的整個中庭，就這樣被波坦斯基的作品全面控制住。波坦斯基在創作作品時，總是會意識著他人的死亡與自己的死亡。看到這個作品時，我想起以前到訪波蘭的奧斯威辛納粹集中營所見到的光景。波坦斯基是一名猶太人，他在創作這個作品時，很可能是考慮著奧斯威辛集中營而進行創作的。我不禁猜想，這或許也暗示著，不只是對猶太人，現在這個世界對所有人來說都是奧斯威辛集中營。

因為現代藝術可以像這樣任意地解讀，我認為這是最適合邁向「剛剛好的孤獨」的第一步。

對於獨身自立的生活來說，擁有自己的喜好也是非常重要的一項因素。

・翻閱藝術相關的書籍或繪本

如果沒有多餘的時間或心力去美術館的話，就試著入手一些能打動自己心靈的藝術相關書籍或唱片吧。我自己非常喜歡繪本，也很推薦大家閱讀繪本。

雖然社群網站上充滿各式各樣的情報，當中也具備許多有益處的資訊，但是復古派的我，還是更著迷於紙本書、繪本，以及實體唱片的觸感與質感。不管是照片還是設計作品，摸到紙張的感覺果然還是不一樣。如果發現看起來很酷的西洋雜誌或藝術書籍，即便完全不知道裡面的內容，我也會隨著感受直接買下它。如果是自己喜歡的風格，就會想反覆翻閱。這個時候，也能夠放空大腦。什麼都不用想，這就是能夠享受獨活的美好時光。

・獨自在小型電影院看電影

如果喜歡看電影的話，就去小型電影院吧。我在旅行途中如果有空閒時間的話，也會找機會到各地區的電影院內看電影。雖然東京之外各地的電影院逐漸面臨可能歇業的困境，但偶爾在街上發現有電影院的話，我會馬上走向售票窗口。更不用說如果剛好碰上自己喜歡的名作，或是之前錯過沒看到的作品在那裡上映，我會高興得幾乎要手舞足蹈。

如果只有一個人，踏入大型電影院可能有點困難，但小型電影院是一個有很多觀眾都跟我一樣獨自一人前來的地方。看著來到這類小型電影院的觀眾，想像一下他們是什麼樣的人，也是一件非常有趣的事。當然，這也是我不必管的閒事啦。

・在老電影中發現孤獨的魅力

試著在老電影中尋找孤獨的魅力如何？近年來因為網路影音平台的興起，可以免費看到的電影名作也越來越多。我想，我們真是迎來了一個美好的時代。在這些電影之中，將女性的孤獨感表現得讓人覺得「還能這樣呈現嗎？」的作品，就是《鋼琴師和她的情人》（*The Piano*）。這是一部曾榮獲法國坎城影展金棕櫚獎的絕佳作品。

這部電影的主角，帶著她與前夫所生的女兒，從蘇格蘭遠嫁紐西蘭。明明好不容易才帶著鋼琴嫁來這裡，她的新任丈夫卻不允許她彈鋼琴，這架鋼琴就這樣被丟棄在海邊。而一名原住民毛利族的男性對這名女性抱持著好意，便把土地拿來交換這架鋼琴。

主角艾達因為想要彈鋼琴，便開始接近這名男性。在這般悲痛的孤獨之中，直到最後都不斷發生各種出乎意料的驚人之事。

艾達把鋼琴搬到船上，要與心愛的男人啟程前往紐西蘭的孤島。但是由於鋼琴太重，導致船隻傾斜，在不得已的狀況下，他們只能選擇拋下鋼琴。這架鋼琴就這樣逐漸沉入海底墳場……在無聲的海底之中，彷彿能夠聽到鋼琴傳來的悲鳴之音。這真是讓人感到衝擊的影像力量。

主角艾達不會說話，但就算她沒辦法很順暢地與人溝通，也依然拚命地生活下去。在被深沉的孤獨感包圍的同時，也完美地呈現出絕對不甘示弱的生存方式。在描寫女性孤獨的電影當中，這部作品實在是最佳傑作。

・不需要的東西就毫不猶豫地扔掉

如果能處理掉不必要的東西，便可以整理自己的心情。因為丟掉東西，就可以體會到面對自己內心的感覺。另外，要是能夠整理身邊的事物，就不必考慮那些無謂的事情，甚至可能因此得到更多餘裕。同時，丟掉東西也具有讓執著的心思跟著消散的作用。這是我很推薦的一種獨活方式，它可以讓身體和心靈都變得更加輕鬆快活。

除了上述介紹的幾種方法，還有很多其他的獨活方式，以及獨自安排時間的方法。總之，請先開始試著去做做看那些你腦中想到的事情吧。透過反覆實行這些行動，應該就能找到屬於你自己的「自我式」獨活，產生「下次就來試試看這件事吧」的想法。

49

普魯斯特在孤獨中創作

”更加地孤獨吧，然後與他人接觸吧。
重要的是，如何在自己與眾人之間取得平衡。“

各位覺得如何呢？以上講述了關於孤獨的重要性，以及孤立的危險性。孤獨可以培養自我，但是孤立會在自己的心中培育出「妖魔」，這個妖魔甚至可能會把自己推向毀滅。因為，人類本來就不是孤立而生的物種。

所以我要這麼說：「更加地孤獨吧，然後與他人接觸吧。」

乍看之下，應該會覺得這句話很矛盾吧。但是，人生當中會遇到覺得一個人比較好的時候，也會遇到覺得跟大家在一起比較好的時候。當我們說一個人也能生存下去時，那是因為我們正生活在就算一個人也能過得下去的地方。不管是自己一個人，還是與眾人一起，只要缺少任何一方，人類就沒有辦法生存，而且也無法擁有愉快的人生。重要的是，如何在自己與眾人之間取得平衡。

關於長篇大作《追憶似水年華》的作者普魯斯特的交友關係，有一則很有趣的報導。從十九世紀末期到二十世紀初期，被稱為「美好年代」的文化與藝術運動在法國巴黎方興未艾。

對「美好年代」的藝術家知之甚詳的御茶水女子大學名譽教授中村俊直表示，這場運動的代表人物——小說家普魯斯特，以及詩人保羅．瓦勒里（Paul Valéry）等人的創造性，就是從孤獨之中孕育出來的。

據悉，普魯斯特在寫《追憶似水年華》這部作品時，有大半的時間都是在巴黎公寓的一間貼滿軟木的房間中度過的。之所以會打造這個房間，是為了要隔絕外界的聲音，整個人孤獨地投入在寫作之中。以前日本也有過為了讓暢銷作家提筆撰寫原稿，而把他們「禁閉」在旅館或飯店內的情況，其源頭可能就是來自於法國也說不定。

但是中村俊直也表示：「普魯斯特也有其善於交際的一面，他並不是一直都待在房間裡不出來。」為了提筆寫作，他置身於孤獨的時間之中；另一方面，他也是一名活躍於社交界的名人。擁有這樣的兩面性，真是令人嚮往啊。

普魯斯特原本就出生於富裕的家庭，擁有豐富的資產，即便他從小就患有氣喘，也終生都專注從事文學活動。因此他在年輕時就經常往來於社交界，後來以在那裡遇到的人為原型，寫了《追憶似水年華》這部作品。

不過，中村俊直分析道：「他真正親近的只有幾個特定的人而已，雖然人際關係並不那麼廣泛，但是他與親友之間的交情卻非常深厚。」

因為人類無法忍受絕對的孤獨，所以一定會尋求與他人的聯繫。我認為，如果能將孤獨的時間和與他人交流的時間均衡地區分開來，將其作為創作泉源的話，一定會非常有趣。

50

磨練面對自己的技巧

珍惜獨處時光，
就是為了更了解自己而展開的一場訓練。

無論是誰都懷有渴望孤獨的心，我想這也可以說是人類的本能。如果總想著「只有我自己一個人特別孤獨」的話，與其說是孤獨，不如說是落入孤立的陷阱之中，導致自我毀滅。雖然人生是一場與孤獨的戰鬥，但是人的內心深處還是存在著對孤獨的渴望，所以才會覺得這麼難以應付。教給我這些的，是我多年來的朋友S先生。

S在五十五歲時，被診斷出患有早發性阿茲海默症。直到目前六十多歲，他持續在一邊利用看護服務的同時，一邊過著獨居生活。身為失智症的患者，他也曾經參與過相關主題的演講。

最近，我收到他傳來一封標題為「我的喜悅」的電子郵件，裡面條列出幾件事項。我一邊點頭認同，覺得：「沒錯啊，就是這樣。」一邊又想著：「如果是我的話，可能就不會這麼想吧。」同時又被內容吸引著繼續讀下去。S是這麼寫的：

一、不受任何人制約，可以自由自在地生活。

二、除了失智症和糖尿病之外沒有其他疾病，非常健康。

三、能夠感受到食物的美味。

四、能夠對活著這件事表達感謝。

如果患有失智症或糖尿病的話，很容易就會為此苦惱，但是S非常樂觀。我想，把目光放在自己「沒有患上的疾病」這件事上面，便能帶來自我認同感吧。

S讓我明白，對那些微小的喜悅表示感謝的重要性。就像食物很好吃，或是能去想去的地方，這些事情都不是理所當然的。

五、受到很多人的關照。

一個人生活的他，受到許多人的照顧。他很喜歡去美術館，所以會請同樣喜歡美術館的朋友陪他一起去。雖然也有些人會認為不想給別人添麻煩，但是他會積極地與人交流，在必要的時候也會接受他人的幫助。

六、有非常多能夠透過電子郵件連絡的朋友。

七、自己擁有無限的可能性。

八、覺得未來是光明的。

他有時候會把浴缸的水放到溢出來，有時候也會找不到回家的路，但是他每天都還是持續在挑戰，看看患有失智症的自己究竟還能做到哪些事情。

我也收過他傳來一封寫著「達成兩百萬步了」的電子郵件。除了附上圖片，他還寫道：「五月的目標是十五萬步，但是我多走了五萬步，總共走了二十萬步，我努力做到了。」

由於新冠肺炎疫情帶來的壓力，可能導致我們的心靈變得更脆弱。要是能像S一樣保持積極的心態，試著寫下「自己的喜悅」，或許也是很不錯的選擇。就算碰壁，也能藉由領略其中的喜悅，來產生克服危機的力量。

即便患有失智症和糖尿病，S也因為「除此之外沒有任何疾病而感到開心」。如果能像這樣想，人生就會變得更加光明。

寫下「為誰而做的三件事」也不錯。像是我正透過這樣的形式幫助他人，或是今後想成為一名有用的人等等。試著列舉出三個項目，也許就能從中找到自己存在的意義。或者，試著寫下「能夠讓自己在孤獨中活下去的三個武器」也不錯。例如，「擁有強大的自我」。當大家都在揣測周遭氣氛時，如果有人能夠說出「我就是我」，那他對孤獨的忍耐力應該就會更強大才對。前面提到的「不與他人相比的能力」，也是提升獨活能力的最佳方法。

作為參考，我再分享S寄給我的另外一封信吧。內容是「最近在思考的事」。這些應該對增強孤獨的忍耐力，以及提升獨活能力都很有幫助。

一、不要干預那些有的沒的事，只要管好自己真正想做的事就好。

二、沒有閒工夫去管那些無謂的事，剩下的時間不多了。

三、停止對他人寄予過多的期待吧，他們不是為了我而活的。

不覺得老年的獨身自立很棒嗎？雖然大家普遍認為早發性阿茲海默症的惡化速度很快，但是從他被診斷患病後，早已經過去十二年之久。在有必要的時候，就去依靠他人。我想，獨身自立就好像在支撐著他的人生一樣。

或許，珍惜獨處時光這件事，就是為了更了解自己而展開的一場訓練。我們現在身處在一個混亂到必須進行意識改革的社會，為了在這樣的社會之中也能明確自我所在的位置，我們也有必要進行獨活。

第五章——

如何掌握從「老境」脫身的技巧

ちょうどいい孤独

51

鼓勵堅強地生活在孤獨之中的人

即便是覺得「孤獨才好」的人，
在生活中終究還是會與某些事產生關聯。

患有早發性阿茲海默症的S，又寄來一封電子郵件。內容是「請給我一點鼓勵」。我是這樣回覆他的：

「你真的非常努力。我想，你一定也遇過沒幹勁的時候，或是連走路的力氣都沒有的時候。如果狀況好的話，或許出去散步一下也不錯。你一直都很積極向上。我總認為，正是這樣的心態塑造了現在的你。不要著急，也不用太過努力，慢慢來吧。在此，我有一個問題想要問你。你的人品這麼好，身邊一定有很多人支持著你吧。和他們相處在一起的時候，你也曾感覺到寂寞嗎？」

對我的提問，S是這樣回答的：「我也曾遇過沒來由地覺得寂寞的時候。」而對於「像這樣過著一個人生活的日子，會覺得自己很自由嗎？」這個問題，他表示：「我覺得自己是自由的。獨居時也曾感到寂寞，但是沒有任何人會對我下各種指令，所以我過得很開心。」

可能是因為這些疑問使他重新認識了自己的內心吧，在那之後我也時不時會接到他的來電。我想，那大概是在他感覺到寂寞的時候吧。

S說的「沒來由地感到寂寞」這句話，是非常沉重的。並不是因為患有失智症才覺得寂寞，而是因為他感覺到人類在根本上的哀愁。儘管如此，他還是體會到自己終究是獨自一人，並想著仍要繼續前行。我想，他的內心的確具有這樣強大的力量。

他一個人堅強地忍受著孤獨，但最重要的是，他身邊的人不會讓他被孤立。除了經常有人會陪他一起去美術館，也有像我一樣在他想找人說說話的時候能通電話的對象。這些都是他不被孤立的原因，有這樣的預防機制是非常重要的一件事。

我認為，不管是誰，最終都會是獨自一人存活於世。但是，無論如何都不會有百分之百的孤獨。即便是覺得孤獨才好的人，在生活中終究還是會與某些事產生關聯，像這樣一來一往的實際互動是很重要的。

所以，關鍵是不要囫圇吞棗地被「孤獨可是很好的哦！」這樣的話語所矇騙。就算是如此提倡的名人，其實也都在某處與大家好好地聯繫在一起，就像他們會寫書、也會在電視上發表意見一樣。

毫無疑問，孤獨一定有其好處，所以我們更要善加利用孤獨。重要的是，要找到屬於自己的「剛剛好的孤獨」。希望大家都能牢牢記住，每個人都會有著各自不同的「剛剛好的孤獨」。

52

即便資深也要虛心學習新知

”只要稍微試著進行獨活，
就有可能會引發積極正面的好事。“

我在諏訪中央醫院擔任榮譽院長。雖然也定期負責診療，畢竟還是榮譽職位。因為不滿足於此，我心中萌生出想要再次奮發投入工作的意願。以「對社會最後的貢獻」為出發點，我希望能在北海道的無醫村或沖繩的離島為病患進行診療。這也是屬於我的一種獨活。

但是醫學的世界日新月異，想必無醫村內的診所也只有我一名醫師吧。如果要應付各式各樣的狀況，就必須重新學習，把我老舊的醫學知識改進為最新的醫學知識。於是，我便決定請友人Y先生來當我的家教。

Y在關西地區的大學累積了相關教學經驗之後，現在在福島縣立醫科大學會津若松醫療中心的綜合診療科任教，負責指導新進醫師和實習醫師。他在諏訪中央醫院擔任指導醫師時，我曾請他每個月到我家一次，舉行關於最新醫療技術的研習會。雖然我很努力想把他教導的內容記起來，但還是沒辦法順利地牢牢記在腦中。年輕時，我們吸收知識就好像乾的海綿，能夠迅速吸收水分；但現在就如同開了洞的水桶，好像不管再怎麼注水進去都會從哪裡漏出來。我不禁感嘆：「上了年紀就是會這樣啊。」

另外一位O醫師要前往病患家中進行居家診療時，不只讓我跟著一起去，還會教導我關於居家醫療照護的處方用藥知識。雖然我在諏訪中央醫院時，也會到安寧病房查房，或是到病患家中出診，但我還是認為自己必須系統化地將鎮痛劑的使用方法等知識牢記在心。當時，我從安寧病房的K主任那裡接受相關的醫療指導，拚命地為將來的獨活做準備。

代替謝禮，我時不時會與指導我的醫師一起品嘗美食，並與他們自由地討論關於醫學與經濟、醫學與哲學等話題。這是在醫院裡體會不到的時光，總感覺好像自己的腦力又更加強化了。除了整理腦中的思緒，還能與志同道合的夥伴共享佳肴，不只覺得心靈逐漸暖和起來，也充滿幸福的感覺。

只是，到最後我還是沒能實現到無醫村當醫生的夢想。當時有位以投資醫院和福利設施為主要業務的專家，在為我尋找新的職位，但是後來他辭去金融工作，設立了「在地整體照護研究室」。我也是突然聽說這件事的。他開始經營旗下擁有七十個床位的小醫院「町田丘之上醫院」，而我被任命為這間醫院的榮譽院長，以及在地整體照護研究室的負責人。

經過年輕醫師的指導，我也拓展了至今沒有交往過的新人脈網。只要稍微試著進行獨活，就有可能會引起一些好事。即便可能性不高，但也有機會再次產生「想要成為一個能夠幫助他人的人」這樣的夢想。只要不放棄，就有可能實現願望。沒錯，美夢確實會成真。只要持續祈願，不管擁有多少夢想都能夠實現才對。

53 從接受現實開始獨身自立的生活

不管身體、心靈，還是生活方式，都會漸漸出現某些問題。保持一個人好好地生活，這種獨身自立的觀念非常重要。

不管我們願不願意，人都是會變老的。重要的是，我們要坦率地接受這個事實，並思考如何才能幸福地度過晚年生活。

也就是說，我們不能逃避現實。人的一生中，不管是身體、心靈，還是生活方式，都會漸漸出現某些問題。即便如此，保持一個人好好地過活，這種獨身自立的觀念是非常重要的。

直到現在，我都還是會到安寧病房查房，看看癌症末期的患者。雖然我也想過差不多該退休了，但幸好安寧療護病房的新任主任也希望我繼續過來查房。我的責任就是給予患者勇氣，然而我也會單刀直入地和他們談論死亡。即便是患者的家屬或醫護人員都很難碰觸的話題，我會因為希望能與他們相互交流而詢問：「你是怎麼看待死亡的？」

聽到我的提問，多數的患者都不會逃避這個話題。有人這麼跟我說：「多虧能被問到這個問題，其實我一直很想談談這件事。」也有人這麼回答我：「我什麼都明白哦，而且我早就有所覺悟。老實說，我也已經為這件事做好準備了。如果我能再回家一次的話，就能讓我的家人好過一點吧。」

於是，我跟對方說：「我們請物理治療師每天都過來，鍛鍊回家所需要的體力吧。」聽完這句話之後，患者臉上笑咪咪的，看起來很開心的樣子。我告訴對方：「我會再過來的。」然後離開病房。我認為，我的職責就是「注入力量」。也就是說，我必須為患者注入「生存的力量」。與患者道別時，我們握著彼此的手，一邊相視而笑，一邊說著：「已經注入力量了呢！」

54

無論活到幾歲，都可以獨自去做喜歡的事

”請在做自己喜歡之事的同時，也盡可能不要依靠他人地生活吧。“

為了換領駕照，我在七十三歲生日時去看了眼科。因為我原本就很喜歡看書，從高中開始就戴眼鏡。除了近視和散光，最近老花也越來越嚴重了。不過最後視力檢查的結果是〇．九，我也順利拿到使用期限三年的駕照。我很喜歡飆速的快感，所以我會開跑車界的名車 Fairlady Z，也會乘坐馬自達的 Roadster，或是搭上保時捷的舊款 911。

雖然隨著年齡的增長，我也漸漸無法再體會各式各樣的樂趣，但是開跑車跟滑雪都是一個人就可以享受的事，所以這些對我來說都是很重要的「獨活」。

今年冬天，我已經預訂了一款叫做New Model Volkl的滑雪板。這是德國一家百年老字號的產品，使用鈦金屬讓滑雪板更柔軟，也能滑行得更快速，評價相當不錯。如果是開車，沒辦法高速行駛；但如果是滑雪，就沒有速度限制，可以盡情享受高速滑行的樂趣。

的確，人在上了年紀之後，身體總是不聽話，各項機能也會漸漸衰退。各位男士，請在做自己喜歡之事的同時，也盡可能不要依靠他人地生活吧。不要依賴妻子，也不要依賴女兒。女士也是一樣，不要指望不可靠的丈夫，也不要想依賴對方。重要的是，在達到成果之前，要在獨身自立的同時也持續朝著自立的目標前進。

為了不讓年齡增長使得身心機能衰弱，我們應該要努力訓練肌力，或者也可以告訴自己：「我的年紀其實比真實年齡還要年輕二十歲。」如果保持「看起來很年輕」的狀態，或者擁有「自己很年輕」的意識，就能憑自己的力量維持健康。無論活到幾歲，能夠獨自做著自己喜歡的事情而活是非常重要的。

55

懶人料理有助悠然自得地獨活

”為了能過「自己的事情，就以自己的力量完成」的日子，必須磨練自己的生活技能。“

也有人已經在過獨居生活了。即便現在是夫妻倆一起生活，總有一天還是會迎來必須一個人過日子的時刻。

有一種情況是，伴侶可能比自己更早離世。遇到這樣的狀況，男性能讀懂伴侶的求救訊號，並做出回應嗎？作為一名男性，至少必須掌握相應的技能。

想要做到這一點，就得仔細規劃夫妻退休後的生活。也就是說，為了能過自己的事情就以自己的力量完成的日子，必須磨練自己的生活技能。

這裡說的要考慮夫妻退休後的生活，是指男性從職場退休之後，為了能在家中不依靠妻子就完成各種事情，必須分配退休後的家事分擔。總歸來說，為了不成為一個沒嗜好、沒朋友，總是賴著妻子的退休男子，或者做什麼事都希望對方關注自己、認可自己的撒嬌一族，必須接棒去做些家事，例如煮飯、洗衣、打掃等等。

但是在說完這些話之後，彷彿會聽到別人對我提出這樣的疑問：「那鎌田你自己又如何規劃退休生活呢？」我還沒退休呢。雖然我在五十六歲時就提早從醫院退職，但我從小就很喜歡寫作，所以後來就開始專心在寫稿的工作上。除了每個月有一、兩篇連載，每年要出版的書有六本左右，現在手上也同時有六家出版社的作品正在製作。不輸給年紀，也不輸給新冠肺炎，因為我正獨身自立地生活著。

在新冠肺炎爆發之前，我一年會出席一百場講座活動。沒有祕書，也沒有經紀人相伴，只有我一個人周遊全日本。我原本就很喜歡獨自行動，然而現在連演講都取消了。不管是接受雜誌採訪，還是參與廣播或電視節目的錄製，幾乎都改為線上收錄。但就像日本集英社出版的《鎌田式健康懶人料理》當中的內容一樣，像這類五分鐘以內就可以簡單完成的料理，我會做的大概有三十道左右。所以作為一個「懶人料理」專家，我認為當我引退不再寫作時，具備滿滿的自信，能好好地獨身自立而活。

實際上，我兒子在書店發現這本書之後，認為：「如果是這些料理，就連我也做得到。」而就讀國中一年級的孫女也同樣想著：「今天就讓媽媽輕鬆一點吧。」於是父女倆便一起做了料理。在那之後，兒媳婦打電話告訴我：「多虧這本書，家裡的氣氛變得更好了。」似乎是因為覺得那些料理「既簡單又好吃」的關係吧。另外，雖然兒子家中就讀國中三年級的長男沒有一起做飯，但是他也主動提出：「今天就讓我來洗碗吧。」這真是令人喜出望外的附贈禮物呢。

我從一名女性友人那裡聽說，有些妻子會對丈夫待在家裡這件事感到負擔，似乎是因為她們要負責準備午餐的關係。她們認為，因為要幫丈夫準備午餐，所以不管是持續在學習的事情，還是鄰居間的交流活動，都很難再繼續進行下去。為此，至少一天一次也好，男人也試著分擔準備午餐的工作如何呢？

我的朋友當中，也有很多人都定好「早餐跟午餐由自己負責」的規矩，並且很樂於自己做飯。如果其他人誇他們：「真了不起啊！」也有人會回答：「沒有啦，這樣還可以吃到自己想吃的東西，不如說這樣更好呢！」其中也有人洋洋得意地表示：「因為男人平常在外面吃遍了各種美食，所以只要有心去做，不管是料理的種類，還是美味的程度，都會更高更豐富哦！」不過，我個人還沒有機會品嘗到那樣的滋味，不清楚這到底是真是假。

56

獨活的人也有舒適相處的朋友

”

不怎麼害怕孤獨的人，也會以自己的力量和他人建立關係，好好地過著「身邊有能舒適相處的朋友」的生活。

“

仔細想想，無論是家人還是摯友，都有可能先步上死亡的旅程。能夠彌補這種失落感的，正是可以與自己舒適相處的朋友。

我的母親患有心臟病，身體非常虛弱，加上後來又發生腦中風，突然就去世了。母親去世時，父親岩次郎的年紀已經快七十歲了。因為那時候我早已離開東京到長野的醫院工作，父親便開始過獨居的生活。

父親一個人過日子時，支持他的正是他非常疼愛的三隻貓。另外，有幾位在之前受過父親關照的年輕人也會過來陪他一起打麻將。我想對父親來說，打麻將的時間也是一段非常愉快的時光吧。父親真正的好朋友住在青森，他們倆是兒時玩伴。對方到東京來時，曾在父親家留宿幾天，這對父親來說一定也是很幸福的一段時間吧。

我的摯友是我的國中同學，他就住在我的老家附近。這位對我來說最重要的摯友，因為知道我父親獨居，也明白他的孤單，便經常打電話給父親，也會時不時邀他一起吃晚餐。

有一次，我遇到了能讓父親「舒適相處的朋友」。當時我要到東京參加學會活動，所以就先去父親家，再前往學會的活動地點。那天，父親向我提議：「晚上一起去吃串燒吧。」那是一家在環狀七號線對面的小店，店內只有幾個吧檯的座位。一踏進店裡，除了店主，不少客人都向父親搭話：「鎌田先生，最近還好嗎？」我一直都認為父親是個不怎麼害怕孤獨的人，但就算是這樣子的他，也會以自己的力量和他人建立關係，好好地過著「身邊有能舒適相處的朋友」的生活。我認為這真是一件非常了不起的事情。

原本我計畫在諏訪中央醫院打好基礎後，就移居到非洲進行地區醫療活動。但是在得知我與父親其實沒有血緣關係之後，我認為自己必須再次跟他一起生活才行，便打造了一間名為「岩次郎小屋」的木屋。

父親在七十八歲時，從東京搬到茅野來與我同住。當年母親去世時，我們選擇在東京都心和茅野市之間的八王子市建造墳墓。不管是身為父親的他，還是身為兒子的我，兩個人都分別以獨身自立的生活作為自己的目標。但是因為突然得知「我與父母沒有血緣關係」這項事實，我便覺得應該要向這個人報答恩情。不過，與其說我和父親都能很堅毅地面對孤獨。不如說我們都很樂意孤獨。

但就算父子倆都一樣享受孤獨，身邊也還是一直都有很好的朋友作伴。我想，可能是因為就算我們血脈不相連，我也還是經常會看著父親的模樣，學習他的生活方式吧。就像他總是獨自行動、不害怕孤獨，但還是擁有能與自己舒適相處的朋友一樣。

父親在七十八歲時搬到茅野來，我也很擔心他能不能習慣這片土地，會不會覺得搬來這邊的壞處比好處多？不過他加入了地方上的日式槌球隊，不久後還當上球隊的隊長，甚至在對外競賽中獲得優勝。我認為，父親岩次郎是一名在獨身自立的同時，也能與他人建立良好相處關係的高手。

57

靠自己的力量建立良好的人際關係

能否讓對方產生想與你建立關係的念頭，
取決於本人的魅力，與擁有能夠傳達這些魅力的溝通能力。

所謂好朋友，就是能夠將自己內心深處的糾結與不安，甚至是那些打算埋葬到墳墓裡的心裡話，都推心置腹地認真傾訴的對象。不只能互相對事情進行討論，也能滿足雙方的好奇心。但是，如果永遠這麼相處的話，彼此都會感到疲憊。和好朋友見面，應該要適可而止就好。能夠舒適相處的朋友，不是只有自己能感到放鬆，而是雙方都能感到安心舒適，這才是最重要的。

每到冬季，我都會花上六十天的時間滑雪。如果一大清早到滑雪場，可以在纜車搭乘站碰到大約二十名看起來像退休人士的人群。新冠肺炎還沒爆發時，大家在纜車內會不斷談天說地，熱熱鬧鬧地談論滑雪的話題。下了纜車之後，大家就各自沉浸在自己的滑雪世界裡，不會干涉其他人是怎麼滑的。滑雪就是一場自我陶醉的活動，大家都會覺得自己滑得最好。

當我很久都沒遇見那位老是穿著紅色滑雪衣的大叔時，便開始擔心他的狀況，猜想他是不是生病了呢？

但是不久後，我在停車場發現那位身穿紅色滑雪衣的大叔，當時實在感到非常高興。我跟他打了聲招呼：「早安！我很擔心你啊。」他告訴我：「因為臨時有工作啊。」能夠像這樣互相關心，是一件非常重要的事。

像這樣良好的人際關係，果然還是只能靠自己的力量來建立。無論自己再怎麼希望能夠和對方成為舒適相處的朋友，如果對方沒有那個意願，彼此的關係就不會有所進展。能否讓對方產生想與你建立關係的念頭，取決於本人的魅力，還有是否擁有能夠傳達這些魅力的溝通能力。

58

獨身自立的生活能湧現驚人的力量

與其一直關注自己的缺點，
不如去思考如何發揮自己獨有的風格與特色。

如果要我在祈願紙籤上寫些什麼願望，我通常都會寫下「如實生活」。「如實」就是保有「無為」、「無邪」的精神。無為並非什麼都不做，而是不多做那些違反自然常理的事情。無邪則是沒有邪意，也就是不要去考慮那些多餘的事情。我希望自己能一直這樣子生活下去。

我們醫院有一位因肌肉萎縮而來就診的患者，他罹患的是一種由於不明原因導致全身肌力急速下降的退化性疾病。這名患者是位前途無量的陶藝家，但是他在抬手時，手已經舉不過肩膀了。他甚至也沒辦法好好進食。想要把飯糰放入嘴裡時，必須用膝蓋頂起手肘才吃得到。更不用說創作陶藝作品時，也需要別人的幫助才有辦法進行。

但是有很多人認為，他在患病後所創作的作品看起來更驚豔了。

「可能是因為我的執著心已經消散了吧。我已經不會去在意作品的實用程度，或是要把它做到多美，我現在腦子裡想的只有完成這個作品而已。」

生病帶來的不便反而讓他的創作風格更自由，使他的作品湧現出驚人的力量。因為身體沒辦法自由地活動，所以他不得不放棄這個也想要做、那個也想要做的想法。在這樣的狀況下，應該要更重視什麼呢？在這當中所凝聚的意識投射到作品上，使他創作出比以往更加出色的作品。這正是因為他接受了這場苦難，不放棄、認真如實地過好自己的人生。這也是屬於他自成一格的獨身自立生活。

不僅局限於疾病，人也經常過度在意自己的缺點。但是，缺點不是那麼容易改進的。如果老是介意這些事情，很容易就會迷失自我。與其一直關注自己的缺點，不如去思考如何在有限的人生當中發揮自己獨有的風格與特色。

重要的是，不要忘記自己的優勢。要是身體狀況變糟的話，也不必老是對此唉聲嘆氣，而是要試著想想看，如何才能從中發揮自己的個性。如果能保持順其自然就好的心態，心靈就會變得更加自由，恐懼感也會跟著消失。能夠像這樣擁有轉換自我觀念的時間，也是孤獨的一項妙趣。

59

人生最後的階段是「個人賽」

與親緣和金錢都無關的人際關係，正是能夠治癒孤獨的力量。即便有配偶、有子女，許多人最終也還是得一個人過日子。

大家普遍認為，如果想要健康地活著，除了生活習慣、飲食習慣，以及運動之外，人際關係也非常重要。根據美國國家衛生統計中心（NCHS）的調查顯示，擁有互相扶持的伴侶的人（也就是已婚者），和沒有結過婚的人、離婚的人、配偶死亡的人比起來，前者的死亡率比後者要低。

但令人擔憂的是，並非所有的婚姻都能稱得上是良好的人際關係。雖然調查結果顯示，夫妻這樣的人際關係能為健康帶來好處，但是它也可能對彼此的人生產生阻礙。

總而言之，相處的品質對婚姻生活來說是非常重要的。根據美國楊百翰大學的研究結果顯示，婚姻生活幸福的人，其死亡率比單身者還要低；但是婚姻生活不順利的人，其死亡率比單身者還要高。

因為新冠肺炎的關係，大家待在家裡的時間越來越長，有時候也變得越來越焦躁，甚至脫口說出一些不必要的話。我想應該有不少家庭都像這樣，相處時的氣氛越來越緊繃。如果有心想要好好與對方共同生活，就必須站在雙方的立場著想，以溫柔的言語交談才行。

另外，結婚也好，不結婚也好，或者是否擁有能夠互相扶持的夥伴都好。重要的是，就算沒有結婚，如果能結交到異性好友，或是身邊有同性朋友陪伴，就足以為人生增添光彩。

與親緣和金錢都無關的「橫向關係」，正是能夠治癒孤獨的力量。在這個長壽的時代，即便有配偶、有子女，許多人最終也還是得一個人過日子。讓我們做好人生最後的階段是個人賽的覺悟吧。正是因為如此，倘若能與他人建立良好的人際關係，或者在群體社會中打好關係，那我們就可以忠於自我、幸福地活到人生的盡頭。這跟有沒有家人或有多少財富無關，而是取決於自己的心態和行為，以此擺脫孤立、建立理想的關係。
這項事實，不就是我們今後在家庭關係疏遠的社會中生存下去的希望嗎？

60

試著稍微爲別人做些什麼

參與志願服務不僅能與他人建立和緩舒適的關係，還能帶來成就感、幸福感，與克服困難的勇氣。

參與志願服務，擔任志工的出發點是「為他人著想的心」。哈佛大學對約一萬三千名五十歲以上的人進行了四年的追蹤調查，其結果顯示，跟完全沒參加過志願服務的人相比，一年花費一百個小時以上參加志願服務的人，其死亡風險比前者低了44％。這個時間換算下來，一週只需要花費兩個小時就行了。

美國卡內基美隆大學（Carnegie Mellon University）的研究報告也顯示，有參與志願服務的高齡者，和沒參與志願服務的高齡者相比，前者罹患高血壓的風險比後者低了40％。

參與志願服務不僅能與他人建立和緩舒適的往來關係，還能為自己帶來成就感、幸福感，以及克服困難的勇氣。

像這樣和緩舒適的往來關係是非常重要的。就算你熱愛孤獨，也不要陷入孤獨的泥淖之中。為了能繼續以自己的力量立身處世，請稍微試著與他人保持和緩舒適的往來關係吧。

雖然因為新冠肺炎的影響，使得現今成為一個不得不與他人保持距離的時代。但我認為最重要的是，作為一個自立之人，就算在這樣的狀況下，也應該為周圍的人做點什麼、努力幫助他人、說一些溫暖人心的話語。

舉例來說，當有人遇到困難時，如果能稍微為對方伸出援手，就能感受到人與人之間產生的連結。以此交流為起點，說不定還能與對方建立和緩舒適的往來關係。看到有人的行李好像很重的時候，就過去幫忙搬一下；有人找不到路的時候，就前去為對方指路。像這樣，只要稍微幫點忙就可以了。

雖說如此，這當中也存在「干涉的程度是否恰當」的問題。如果地方上人與人之間產生的情感羈絆太過強烈，甚至干涉到個人家庭的話，反倒可能更容易引發抑鬱症狀或提高死亡率。在封閉的環境氛圍下，被地域間的規則與習慣束縛所帶來的壓迫感，反而會造成壓力、形成負面的影響。

不要被羈絆所矇騙，這是非常關鍵的一點。首先要做的，就是好好地獨身自立而活，忠於自我、做自己人生的主角。不要被誰掌控，也不要看人臉色。我認為，人生活到六十歲之後，最重要的就是直到生命盡頭都堅持做自己而活。

雖然前面已經說過很多次了，但我還是要再說一次，人生就是個人賽。想要度過精采的人生，自立是非常重要的。雖然我們不要被社會孤立，但是必須找到適合自己的「剛剛好的孤獨」。

61

珍惜獨處時光，找到生活的價值

不用把獨處的時間看得太過沉重。
如果被沉重的壓力擊垮的話，就什麼也做不了

我在日本各地區從事與提倡健康鍛鍊運動已四十七年。長野縣每到嚴寒的冬天時，新鮮的蔬菜就會越來越少，當地長久以來的文化便是將食材做成醃漬品食用。但因為攝取的鹽分過多，導致腦中風的人也異常的多，病患更被日益龐大的醫療費所困擾。後來因為推廣「減鹽運動」產生效果，當地人的飲食觀念也跟著改善，現在長野縣除了已經成為日本平均壽命最長的地區，醫療花費也跟著下降。

不過試著分析其中數據之後，發現了令人意外的事實。比起多吃蔬菜、努力減鹽，其實發揮最大效果的是生活價值。支撐著這份生活價值的，正是當地的小農。不管活到八十歲還是八十五歲，他們都繼續在小小的農地耕種作物，批發給日本農業合作社。

希望大家不要忘記，孤獨會伴隨著風險。除了孤獨的早期死亡風險是肥胖的兩倍之外，也有研究表示孤獨會導致罹患阿茲海默症的風險提高兩倍。

即便如此，打造自我的孤獨時間、獨身自立、忠於自我好好地活著，這些事情的重要性依然沒有改變。只是，身為一名長年從事健康鍛鍊運動的醫生，無論如何我都希望能向大家傳達，孤獨是有風險的。

以上皆為常識中的常識。但是這裡要表達的是，與社會接觸的程度是對健康與壽命產生最大影響的來源。也就是說，雖然要靠著獨活享受一個人的時光、以此自立生活，但重要的是，就算成為像這樣擅長面對獨處時間的人，也不能忘記與社會建立和緩舒適的連結關係。

好好珍惜屬於自己一人的時間，去健身房練練身體、加強肌肉力量，和健身教練的關係變得親近，對方能夠教導自己健身的技巧、彼此談天說地，像這樣建立良好的人際關係是非常重要的。或是如果有常去的餐廳，和那裡的主廚相處融洽，彼此能說上一兩句話、關心對方的狀況也是很不錯的一件事。

在餐廳點餐時，如果能和店員交流、詢問對方推薦的菜色，建立這樣輕鬆無負擔的人際關係，就能使自己的獨處時光變得更加充實。

沒有必要出家，也沒有必要到深山野林裡修行。總之，不用把獨處的時間看得太過沉重。如果被沉重的壓力擊垮的話，就什麼也做不了。希望各位不要忘記，只需要「剛剛好的孤獨」就可以了。

尤其是年過花甲之後，不是要一昧地邁向孤獨，而是要好好地打造屬於自我的孤獨時光。重點是，在獨身自立而活的同時，也要在自我的孤獨不被妨礙的狀態下，保有建立無負擔連結關係的意識。

所謂孤獨，並非代表總是孤零零地一個人行動。就像上述提到的編輯A先生一樣，他不會被周圍的雜音擾亂，而是以自己認為舒適的方式生活，使心中萌生出「新的自我」，並靠著這股萌生嶄新自我的力量，充實自己的內在。這就是「剛剛好的孤獨」。如果能以自己的力量生存於世，就能夠增加這樣的力量。

62 有伴卻感到孤獨，對身體健康不利

當孤獨感增強，其產生的壓力會造成體內慢性發炎。雖然孤獨時光非常重要，但也絕對不要被社會孤立。

東京醫科齒科大學的一項研究顯示，獨居且一個人吃飯的男性，與和他人一起吃飯的男性相比，前者的死亡率比後者高出一・二倍。另外，雖然與家人同住卻一個人吃飯的男性，其死亡率甚至高出一・五倍。

也就是說，即使同樣是孤獨地生活，一個人過日子的孤獨，其死亡的風險相比之下較低；而雖然和別人一起生活卻感到很孤獨，死亡風險則會提高。

有研究結果表示，當孤獨感增強，其產生的壓力會造成體內慢性發炎，引發血管性疾病，例如狹心症、腦血管疾病等等。此外，也有研究表明，睡眠週期紊亂、免疫力下降會導致更容易感染傳染病，因此更容易罹患肺炎等呼吸道疾病。還有其他各項研究，在在顯示孤獨感所帶來的各種負面影響，例如罹患糖尿病、癌症、失智症、憂鬱症，或是選擇自殺等風險。在這些結構之下，都可以認為孤獨感是與死亡有所關聯的。

總歸來說，雖然好好地運用屬於自己的孤獨時光是一件非常重要的事，反之也絕對不要被社會孤立。這對於避免產生憂鬱情緒、罹患失智症，或是酒精成癮等等，也是非常重要的。

63

每個人都能成爲「孤獨達人」

> 預防孤立最重要的一點，
> 就是擁有能夠建立最適合自己的人際關係的能力。

我們都知道，人際關係薄弱的人，很容易會被孤獨感侵襲。美國芝加哥大學社會神經科學學者約翰．卡喬波（John Cacioppo）教授在二〇〇九年的研究結果更顯示，孤獨感是會傳染給朋友的。

原本朋友就不多且容易產生孤獨感的人，對他人的不信任感會更加強烈，就算是為數不多的朋友，也很容易在不知不覺間就與他們斷絕往來。如此一來，其友人也會為孤獨感所苦，反反覆覆之下，很容易就形成負面情緒的連鎖效應。

的確，人經常會因為周遭人的態度或行為，使得自己的情緒受到極大影響。我想，正是因為如此，當身邊親近的人陷入孤獨狀態之中，自己的心情也會開始跟著消沉，產生同樣的孤獨感。

除此之外，因為日本邁入超高齡社會，高齡者獨居的人數不斷增加，也可能使得此問題變得更加嚴重。根據經濟合作暨發展組織（OECD）的調查表示，日本是一個社會孤立者特別多的國家。

另外，也有研究結果顯示，過度依賴社群網站的人很容易感到孤獨。二〇一七年，美國匹茲堡大學的研究者也曾表示：「每天在社群網站花費兩個小時以上的人，和每天在社群網站花費半個小時的人相比，前者感受到社會孤立的可能性比後者高出兩倍以上。」

的確，如果過於沉迷在虛擬空間中的交流，在現實世界中的人際往來有可能變得越來越薄弱。社群網站是補足現實世界人際關係的一項工具，或許應該好好考慮是否該把它擺在生活重心才行。

我們不可忽視的現實是，無論是否擁有家人或伴侶，都有可能引發孤獨或孤立的風險。如果說世界上有人即便單身也能跟形形色色的人保持良好的人際關係、獨自建立屬於自己的人脈的話，那麼當然就也有人即使結了婚、生了孩子，身邊卻沒有任何朋友，只能獨自承受強烈的孤獨感而活。另外，雖然至今還是有很多人認為，只要結了婚就能不被孤立地度過這一生，但不可避免的是，無論是誰都有可能因為生離死別的關係，導致必須開始一個人生活。

總而言之，可以說預防孤立最重要的一點，就是擁有能夠建立最適合自己的人際關係的能力。

無論是誰，都能夠成為「孤獨達人」。我也有鎌田式的孤獨。這本書便是在講述孤獨的危險與魅力的同時，也寫下如何在這兩方的平衡之間成為一名孤獨達人的書。

64

鍛鍊個人力量的健康獨活

因為想要好好地重視孤獨，才更需要在每天早上曬太陽。長期閉門不出、不與社會接觸，絕對不是良好的獨活方式。

對抗新冠肺炎已經變成長期作戰。根據我們醫院內科門診的資料顯示，來看病的中高齡者的血壓比之前更高，推測原因可能是出自於壓力。

患有糖尿病的人也正為此感到苦惱。除了運動不足之外，還加上為了緩解壓力而不知不覺吃下太多食物，這也使得他們比以前更難控制體重。

「新冠憂鬱」的症狀也正在擴散當中。不僅是中高齡者，根據日本國立成育醫療研究中心的數據顯示，患有憂鬱症狀的高中生共有30％、國中生共有24％、小學四年級到六年級生共有15％。另外，患有中度以上憂鬱症狀的家長則有29％。

在各個世代之間，窒息感和鬱悶情緒正在擴展。此時，為了使自己的身心更加強大，有些事情是必須做的：

・曬太陽

早上起來沐浴在太陽光之下，就會分泌血清素，這是一種被稱為「幸福賀爾蒙」的物質。雖然因為疫情期間常常待在家中的關係，可能使得我們容易熬夜或晝夜顛倒，但是早晨的陽光對調整睡眠規律來說非常重要。為了早上沒有精神的小孩或年輕人調整生活規律固然重要，不過更重要的是大家要好好地獨身自立，並擁有自己的健康由自己守護的觀念。

即便想要好好地重視孤獨，也不能老是把自己關在房間裡。正是因為想要好好地重視孤獨，才更需要在每天早上曬一曬太陽，這對持續良好的孤獨生活來說是非常重要的一件事。長期閉門不出、不與社會接觸，絕對不是良好的孤獨方式。

剛剛提到的「幸福賀爾蒙」血清素，正確的說法應該稱其為腦內物質。我們的腦中約有一百五十億個神經細胞，而在腦細胞與腦細胞之間傳遞訊息的物質就叫做腦內物質，其中代表性的物質就是血清素和多巴胺。

人在為了達成某個目標而努力的時候，會分泌一種叫做多巴胺的物質。這種物質會讓腦中的「幹勁裝置」被打開，切換成「戰鬥模式」。

例如挑戰新的事物獲取證照，或者嘗試健身，以及為了成為一個對他人有幫助的人，而致力於做一名志願服務者等等，都會分泌「快感賀爾蒙」多巴胺。比方說，因為想挑戰「剛剛好的孤獨」，所以一個人帶著地圖到不是那麼危險的山林裡去登山；或是前去健身房，一個階段一個階段地控制體重、增加肌肉量，就會分泌多巴胺。因為做這些事情會產生快感，所以便稱其為「快感賀爾蒙」。另外，多巴胺還能激發實現目標的慾望，對人類的活動來說是不可或缺的重要物質。不過如果分泌過多的話就會「失控暴走」，有可能引發依存症，或是對身心造成負荷，成為壓力過大的原因。

能夠防止多巴胺失控暴走的就是血清素。大腦在感到壓力或緊張的時候，便會分泌血清素。血清素是一種可以鎮定神經系統、抑制亢奮情緒、使身心感到放鬆的物質，具有調節自律神經平衡的作用，可以讓心情感到舒適與平靜，也可以帶來幸福感。

即便目標是成為一名「孤獨達人」，如果走錯方向，朝著不正確的孤獨前進，則有可能成為與社會抽離、長期閉門不出的「繭居族」。乍看之下，好像覺得創造了屬於自己孤獨的空間，但這樣子並沒有辦法持續太久。正是因為追求長期的孤獨，才更需要在早上起來曬曬太陽，養成一個人出門散步的習慣。

曬太陽對增加血清素來說非常有幫助，試著在天氣好的日子早點起床出門散步，是一項很不錯的選擇。

或者也可以泡泡溫泉，以及做一些有放鬆效果的體操運動等等，這些都能使血清素增加，讓心情更舒緩平靜。

・持續做些輕度運動

以步行、深蹲、踢腿等輕度運動活動身體，便會分泌血清素。尤其是韻律運動的效果更好，非常推薦。

這些輕度運動就算只有一個人也能做。在做這些運動的同時，除了能享受獨處的時光，還有助於預防那些因高齡而引起的疾病。

・避免陷入對生活感到無力的心理狀態

不要錯誤地解釋疫情期間必須久待家中這件事，以免對生活感到無力、身體也越來越動彈不得。總而言之，要多多活動身體，不管在路上、在電車中，都當作是在健身房鍛鍊一樣地動動身體吧。

・保持良好的姿勢

人如果老是彎著身子，很容易會使得情緒悶悶不樂。即使是年輕人，如果總是彎腰駝背，看起來也會像是一個不怎麼可靠、工作也做不好的人。所以，要多多注意保持背部挺直。姿勢端正的話，不只外表看起來更年輕有活力，心情也會變得更舒暢。除此之外，也更容易分泌血清素。無論是為了生存，還是為了獨活，保持神清氣爽的心情是非常重要的。

・注意季節的變化

日本是世界上數一數二季節變化十分豐富的國家。我們可以試著更敏銳地感受季節的變化，並創造出相應的樂趣。就像在雨天時，為雨滴打在鮮綠嫩葉上的美麗景象而深受感動；又或者是在雨停時分，因雲隙間灑落的光芒而使得心靈受到觸動一樣。

65 「一湯一菜冥想法」提升獨活的成效

一口一口地細細品嘗每粒米飯的味道，將精神集中在此時此刻、當下、這個瞬間。

為了提升孤獨的成效，應該如何面對屬於自己的獨處時光呢？有助於此的，便是坐禪和冥想。透過坐禪，有些人能更仔細地檢視自己的內心，這也稱為內省。坐禪的目的，是透過冥想將意識集中在此時此刻、當下這個瞬間，以此釋放心靈的重擔。這不僅對促進血清素分泌有幫助，也具有舒緩情緒的效果。

但我的性格很不適合坐禪。因為我是一個經常會胡思亂想的人，老是產生一些有的沒的「邪念」，所以很不擅長冥想或保持正念。

為此，我發明了一種簡單的冥想方法，那就是「一湯一菜冥想法」。這是透過將精神集中在飲食上，拋開外在多餘雜音的冥想方法，很輕鬆就可以辦到。

做法非常簡單。只要比平常稍微早一點點準備飯菜，關掉電視，一邊眺望日落，一邊喝碗味噌湯、吃碗飯，像這樣僅攝取一湯一菜就好。如果能一口一口地細細品嘗每粒米飯的味道，那麼就算是像我這樣不得要領的人，也能好好將精神集中在此時此刻、當下這個瞬間。

出乎意料的，或許我們真的能夠做到放空大腦，不再考慮那些複雜的事情。會這麼說，是因為當我們隨著年紀增長，發愣的時間也會變多。要是越來越容易發愣的話，那麼年老後的獨活也不用太在意他人，只需要自我評價就好了。不用把此時此刻、當下這個瞬間想得太複雜，我現在也還在細細地品味著孤獨。

順帶一提，在坐禪之後，請各位也不要忘記好好做一下伸展運動，緩緩地將僵硬的關節和肌肉舒展開來。

66

蠢蠢欲動的潛在慾望

”自我原慾，也就是自戀，
對於獨身自立也是非常重要的一環。“

實際上，我心中存在的「邪念」，其中有一部分是來自於潛在的「性衝動」（原慾）。精神分析之神佛洛伊德也用過這個詞來表示人的「本能」和「能量」。

雖然我也曾想過：「七十多歲的自己居然會有這樣的性衝動。」但我還是告訴自己：「不管活到幾歲都還是會產生邪念，沒有關係的。」因為這些理應都將成為存活於世的能量來源。

孤獨和原慾有著密切的關係。原慾分為對自己以外的對象產生的「對象原慾」，也就是「對他人懷抱愛意」；以及對自己產生的「自我原慾」，也就是「對自己懷抱愛意」，也可以稱其為「自戀」。這個「自我原慾」對於獨身自立、打造自我的孤獨時間而言，是非常重要的一環。

對象原慾和自我原慾的分布有其平衡。當對象原慾降低時，自我原慾就會升高。如果保有孤獨的時間，自我原慾也會隨之增強。

即便活到七十多歲，我仍然覺得自己的對象原慾和自我原慾還處於一個不安定的狀態之中。所以我總是擅自地認為，正因如此我才會這麼不擅長冥想和保持正念吧。另外，自我原慾也被稱為「自我本能」。也就是說，「愛自己」是一種本能。如果不愛自己，就無法保有自己的本能。所有的生物都是像這樣，在潛意識中純粹地愛著自己，以肯定自己維生。

67 享受內心那份孤獨中的幸福感

不輸給物質與環境的孤獨，
是由自己感受到的幸福而支撐的，不必在意別人的目光。

可以思考生存本能，就是擁有想要試著改變的力量，佛洛伊德將其稱之為「愛慾」。佛洛伊德曾與愛因斯坦通過書信，針對第一次世界大戰，雙方談到「想要避免戰爭的話，什麼是必要的？」這個問題，他表示：「是生存本能，也就是愛慾。」

另一方面，瑞士心理學家榮格則主張，不要像佛洛伊德一樣，將「原慾」的意思局限在「性衝動」等生存的本能和性上面，而是應該要更廣泛地含括在「心理能量」的層面上。

孤獨也有可能會喚醒自我原慾，以及名為「死慾」的「死亡本能」。如果能獨身自立地度過孤獨的時間，就漸漸地不會再害怕死亡。於是，像榮格所說的那樣，也會更加強化心理能量。

就算擁有邪念、雜念，或是煩惱，統統都沒有關係。不如說，正是因為這樣才可以對自己喊話：「這其中是不是蘊含著能夠戰勝老化的力量呢？」

有以下理論：年老的孤獨會使罹患失智症的機率增加兩倍，其死亡風險也比肥胖高出兩倍。如果想要避免這種風險，那麼在獨身自立度過孤獨時光的同時，如何善加運用自我原慾等生存能力，以及盡情享受忠於自我的生活是非常重要的。

人常常會因為想著「他是不是被孤立」而對他人產生過度的關心。但即使過著獨居生活，也不用太在意別人的眼光。我認為，如果能享受自己內心那孤獨中的幸福感，才有辦法理解真正的幸福是什麼。無論任何事物、地位，或者在人生中獲取的名望，都是微不足道的東西。不輸給物質與環境的孤獨，是由自己感受到的幸福而支撐的。我們不用去在意別人的目光。

68

健康長壽地活，輕靈飄然地離世

肉體上和精神上做到自立而活，
就能實現健康長壽地活著，輕靈飄然地離世。

健康鍛鍊運動中，有一項名為「PPK」[1]的運動，主旨是「健康長壽地活著，乾脆俐落地離世」。但我認為，比起乾脆俐落地死去，在年老中獨身自立的人，更應該輕靈飄然，就像是從這個世界飄舞至另一個世界那樣，堅定意志地生活，因而自創了名為「PPH」[2]的運動，主旨在於：健康長壽地活著，輕靈飄然地離世。

想要實現「PPH」的話，很重要的一點是在肉體上和精神上都能做到自立而活。

寫下這本書的理由就在這裡。

我認為，老年的獨身自立是非常重要的事情。前面也曾提到生存的力量：原慾，指的也就是生存本能。

普遍來說，人類有想要活著的生存本能，也有尋求死亡的死亡本能。對於死亡本能，佛洛伊德用了「桑納托斯」這個詞來表示「死慾」，其語源來自於希臘神話的死神桑納托斯（Thanatos），代表著想要走向死亡的慾望。

我是一個擁有強烈「邪念」的人，不管是對於生存的衝動，還是對於尋求死亡的慾望，這些就如同煩惱一樣，不斷地盤旋在我的腦海之中。我內心對死亡的本能總是在蠢蠢欲動。當然，我並不會考慮自殺，而是一直都抱持著無論何時死亡都無所謂的想法，堅韌地活在這個世界上。

1 譯註：原文為「PPK（ピンピンコロリ）」，讀作「PinPinKorori」，取其首字母稱為PPK。「ピンピン」指的是健康有活力，「コロリ」在這裡的意思是突然、一下子就死去。

2 譯註：原文為「PPH（ピンピンヒラリ）」，讀作「PinPinHirari」，取其首字母稱為PPH。「ピンピン」指的是健康有活力，「ヒラリ」是形容物體輕輕飄揚的樣子。

69

從死亡的恐懼解脫吧

”透過度過孤獨的時光，能夠盡己所能地不再害怕面對死亡。也能夠不被任何人打擾，珍惜著自己的孤獨時光而活。“

我的內心懷有死慾，也就是面向死亡的衝動。我想，那是因為我在孤獨的時光中度過了這一生的關係。在地球上的生物都還沒誕生的一百三十八億年前，發生了宇宙大爆炸，星辰的碎片便被認為是創造生命的原子。無論是在地球水域周邊出現的氧和氫，還是作為生物的基礎發揮重大作用的氮，也都是起源於宇宙。

這些元素聚集在一起，奇蹟般地形成生物構成的基礎：胺基酸，於是在三十八億年前，這個地球上便誕生了生命。等到我死後，構成我身體的原子將會分散開來，其中一部分原子又會再度以其他形式被運用，從而創造出新的生命。

所以我認為，當我們仰望星辰時，內心會產生被觸動的感覺，是因為我們身體的一部分來自於天上的星星。於是，從無生物之中誕生的我們，便擁有返回無生物的慾望。我也察覺到，自己的內心具有這樣的慾望。

從無生物誕生之後，又再度返回到無生物之類的想法，實在非常浪漫啊。在無生物與無生物之間，作為生物短暫存在的時間，就是我的壽命。

透過度過孤獨的時光，能夠盡己所能地不再害怕面對死亡。並且，也能夠不被任何人打擾，珍惜著自己的孤獨時光而活。

70

保持爲了下一代著想的心態獨活

開始充實地度過獨處時光後，就會邂逅好好自立而生的自己。不只視野更開闊，害怕的事情也會變得越來越少。

邁入老年獨身自立生活的人，沒有必要追求地位或物質上的成功。即使上了年紀，也要帶著幸福感，維持健康活力，隨心所欲地去自己想去的地方、做自己想做的事，同時保持為了下一代著想的心態生活就好了。

心理學家愛利克．艾瑞克森（Erik Erikson）創造了「生產力」（generativity）一詞，意思是「為了下一代而活」。透過分泌催產素，就算身體漸漸無法再自由活動，如果能把意識放在生產力上，也能找到自己生存的意義。

我還是持續到安寧病房查房。查房時，我總是在患者的「生命回顧」這件事上投入大量心思。「生命回顧」指的就是回顧患者的人生過程。傾聽患者講述人生歷程的同時，我會輕聲向他們搭話：「過得還開心嗎？」、「感到很痛苦嗎？」、「生活得很不容易吧？」接著，患者這麼告訴我：「醫生，我的生活過得很精采哦！我覺得這是一場很棒的人生，我很滿足哦！」也有患者這麼說：「雖然這一生過得很不容易，但我並不感到後悔哦！」聽到他們說出這些話之後，患者的家屬眼眶含著淚水，也感到非常開心。

一名患者對著兒子和媳婦說：「謝謝你們常常來看我。」對著孫子說：「雖然人生很不容易，但是很有趣哦！不過，要是不努力一點的話，就不會明白其中的樂趣了哦！」這名從事農業工作的老爺爺就像哲學家一樣，把這些話留給了下一代。這就是艾瑞克森所說的生產力。

當然，不僅是為了自己的血脈，為了地方上的孩子、世界上的孩子，還有下個世代的年輕人也是非常重要的。開始充實地度過獨處時光後，不知不覺間就會邂逅好好自立而生的自己。不只視野更開闊，也比以前更溫和細膩，害怕的事情也會變得越來越少。

所謂「剛剛好的孤獨」，雖然多少會因人而異，但是一定存在最適合自己的狀態，「好戲現在才正要開始」。照理來講，一定會有能與孤獨好好相處的生活方式才對。直到最後，即使沒有其他人知道，但自己的內心肯定能夠持續地成長。

這些事情從外部看不出來，但自己心裡是明白的。有時候好像忽然能察覺生活的意義是什麼，有時候可能也會突然浮現「我正活著啊」這樣的想法。這樣的念頭只要瞬間出現就足夠了，這是其他人都不知道的珍貴瞬間。不管是別人的臉色，還是別人心裡怎麼想的，那些都不需要在意。為了老年的獨身自立生活，請度過屬於自己最珍貴的孤獨時光。

71

從電影學習與體驗孤獨

找到滿溢著孤獨氣氛的電影，並獨自一人觀賞，
你就已經是孤獨達人了。

到目前為止，作為醫師的我，寫下了如何與孤獨好好相處的種種。既然身為一名醫師，我便希望能以腦科學、心理學、精神醫學為基礎，講述孤獨的魅力以及孤獨的風險。在這裡，我想再來談談自己是如何從最喜歡的電影當中學習孤獨的。請各位小歇一下，輕鬆地閱讀這一節文章吧。

電影的名稱叫做《約他去看絕世雪景》（*Matterhorn*）。這是一部以一名喪妻的孤獨

中年男子為主角的荷蘭電影，描寫兩名男性一同生活的奇妙故事，在日本是二〇一六年上映。

生活在荷蘭某個小村莊的中年男子佛瑞，他的妻子先行離世，又因為與唯一的兒子產生摩擦而把他趕出家門，所以每天都孤獨地過日子。

有一天，佛瑞的面前出現一名男子。即便佛瑞向對方搭話，對方也不回應，不僅不自報姓名，也不開口說話。後來佛瑞讓對方幫忙整理庭園，並請對方到家中吃晚餐。

這名男子性格溫和，佛瑞便決定收留這名看似無處可去的男子，讓他在家裡住一晚。於是，奇妙的兩人生活就這樣展開了。

佛瑞帶著這名男子到自己常去的教堂望彌撒，當佛瑞唱歌時，這名男子就好像指揮者一樣張開雙臂。佛瑞還教導這名男子踢足球。

雖然兩人就這樣持續過著平靜的生活，但是周遭的人卻投以冷漠的目光。佛瑞感覺到這些視線，便考慮花費自己的積蓄前去瑞士的馬特洪峰，那裡是過去佛瑞向妻子求婚的地方。

即便佛瑞身邊的人警告他：「如果你還是要繼續跟那個男人住在一起的話，就會被趕出教會。」但他並不予理會，而是選擇繼續和那名男子一起生活。

後來有次佛瑞去一間小型俱樂部，舞台上有一名化了妝、看起來像女性的青年在唱歌。這名青年看到坐在台下的佛瑞，突然僵住了。他正是與佛瑞關係變得疏遠的兒子。此刻，佛瑞終於理解兒子的心境。他一邊鼓掌，一邊自豪地喊著兒子的名字：「約翰！」兒子看著父親，也露出了微笑。

在那之後，出現了佛瑞與那名同住男子到達馬特洪峰的身影。

佛瑞在失去心愛的伴侶後陷入孤獨感之中，原本頑固的他對一名陌生男子敞開心扉，甚至被周遭人投以不友善的目光也毫不畏懼，只是平穩地度過每一天。這部電影描寫了此般悲喜交加的故事，讓人覺得無論是伴侶還是朋友，人都需要可以互相原諒的夥伴。

不必把事情想得太複雜。不必覺得要去電影院的話一定要找誰一起去，偶爾試著自己去享受看電影的樂趣如何呢？不是那些評價很好的電影，而是那些沒有人注意到其魅力的電影，尋找這類電影的過程是非常愉快的時光。反正都是一個人去，就算電影情節不吸引我，我也會認為這就好像在黑暗中創造一段美好的獨處時光。我非常喜歡電影院裡漆黑的感覺。如果能找到許多滿溢著孤獨氣氛的電影，並獨自一人觀賞的話，你就已經是孤獨達人了。

第六章——

獨身自立地生活，你也可以成爲孤獨達人

ちょうどいい孤独

72

就算身處群體之中也可以孤獨

不管是讀書、聽音樂，
就算在團體中生活也要創造屬於自己的時間。

我曾在長照中心「安樂之丘」擔任所長約十年。這裡要講的，就是當時發生的故事。這間長照中心裡有很多風趣的員工，他們具備能夠逗年長者開心的才能，是一個讓人感到非常溫暖的地方。

接近聖誕節的時候，大家會開始準備聖誕派對。不管是長照中心內的聖誕裝飾，還是各自要戴的聖誕帽，都是年長者的職能治療方法之一，大家看起來很開心地進行準備工作。我一邊查房，一邊和大家搭話，聽聽他們的想法。

「大家不用一起做也沒有關係哦！每個人應該會有各自享受樂趣的方法，不用勉強自己一定要參加這個職能治療也沒關係哦！」雖然我這麼告訴他們，但大家看起來還是很開心的樣子。還有人跟我說：「我很期待聖誕派對的到來。」

那個時候，我發現B先生沒有和大家一起參與準備工作，而是獨自坐在柱子後面看書。看到他的身影，我心裡想著：「真不錯啊。」於是走向B先生身邊跟他搭話。

「從剛剛看大家參與職能治療的時候，我就發現你的身影。看到你一個人在這邊讀書的樣子，不知怎麼的，我總覺得非常開心。」我這麼向他說著，然後在心中默默為他拍手叫好。

「沒有啦，我這麼任性，真是抱歉。我不太擅長跟大家一起做事，讀書會讓我的心情平靜一點。」

聽到他這麼說，我又更開心了。當時B先生是八十五歲，經過這件事之後，我又更加確定，無論從幾歲開始，我都有辦法過獨身自立的生活。

就算在團體中生活也要創造屬於自己的時間，這是非常重要的一件事。不管是讀書、聽音樂，都非常歡迎大家能度過自己喜愛的時光。

與長照中心員工開會時，我們也曾談過這樣的話題：

「雖然現在像B先生這樣的入住者還很少，但是總有一天一定會迎來這樣的入住者越來越多的時代。我想，為了那一天的到來著想，大家能用溫柔的目光守護他們是非常重要的一件事。今後，當團塊世代[1]開始接受照護時，其中應該會有一部分人主張他們有自己的生活方式。為了那個時候的到來，我們現在就開始進行預演吧。」

B先生是一位能夠在團體中好好地享受「積極的孤獨」的人。我認為，像這樣能夠以「自己所期望的孤獨」生活的人，即使面對死亡，也能夠選擇「忠於自我的死亡」。

1 譯註：在一九四七年至一九四九年之間，日本戰後第一波嬰兒潮出生的世代。與前後幾年相比，這段時間的人口數異常膨脹。

73

孤獨死真的如此不幸嗎？

比起在意離世的時候是什麼樣的狀態，
不如更在乎是如何活到人生的最後一刻。

現今，孤獨死[1]已經成為一大話題。媒體過度放大孤獨這一點，大肆進行相關報導。

但是，人總有一天會死。不只是誕生於世時獨自一人，就算身邊擁有關係多麼親密的家人，死的時候也會是一個人離世。我想，前文提到的B先生說自己「不擅長跟大

1 譯註：指的多半是獨居者在沒有其他人發現的狀況下，獨自一人死去。

家相處」，一定也早就做好一個人痛快地啟程前往另一個世界的心理準備了吧。

我的人生到最後應該也會是孤獨死吧。不過，也有可能是在家人或同事的包圍下死去。不管是哪一種我都無所謂。因為就算有人圍繞在自己身邊，最終都還是會獨自踏上黃泉之路。而且，我認為這個時刻無論在什麼時候到來都沒有關係。

但很重要的一點是，在活著的這段時間，要做自己喜歡的事情，過健康有活力的生活。比起離世的時候是什麼樣的狀態，我更在乎我是如何活到人生的最後一刻。我認為，如果一直到人生終點都還能堅持好的生活方式，那麼就一定也能迎來好的死亡方式。

我跑遍世界各地，每年在國內舉辦的演講也有多達一百場的時候，平常幾乎不會待在家。但是因為新冠肺炎的關係，我現在幾乎每天都待在家裡。工作或接受採訪時，會使用視訊軟體Zoom；如果是錄製廣播或電視節目，也可以線上參與。多虧如此，我與家人親密相處的時間也變多了。

以前，節目錄製結束後，我就會跟工作人員一起去吃飯。我非常喜歡招待後輩吃飯，而且我也認為向年輕醫師傳授經驗，還有跟他們分享去哪裡吃美食，這些都是我的分內之事。但是，這樣的機會卻也漸漸消失了。

由於每天都過著沒發生什麼戲劇性事件的日子，於是我突然開始思考：「我會如何死去呢？」利用獨處的時間，我想了想關於「死亡的現實」這件事，接著忽然發現自己很輕易地就能夠接受這件事。

如果能夠接受死亡，就不會再對任何事物有所畏懼。至於死亡的方式什麼的，也就覺得怎麼樣都無所謂了。

比方說，就算是孤獨死，也不會在覺得自己「因為孤獨死所以很悲哀」的狀態下與世長辭。而是認為，這終究只是心臟停止跳動、無法再呼吸而已。

74

獨活也能留下美好的回憶

這些事就算不用特別說出口，對方應該也能明白吧。這樣的想法，就是共同生活得越久的夫妻越容易陷入的羅網。

我有一名擔任編輯的朋友K先生，他的妻子在幾年前因為乳癌離世。他們沒有孩子，只有夫妻倆一起生活。K的妻子是畫家，從治療的過程直到生命的盡頭為止，她都還是精力充沛地持續發表畫作。不過，因為工作太忙的關係，K很後悔地說：

「我沒能好好地陪伴在妻子身邊。」

「與病魔對抗的日子並不輕鬆，但是作為一名將繪畫視為生命的人，我還是想要燃燒自己的生命，直到最後一刻都繼續發表作品。因為手術的關係，我的右手沒辦法好好活動，只能用左手畫畫，就連自己也忍不住感嘆：『我真是了不起啊！』當然，我其實也有一部分是在勉強自己。明知如此，我卻還是以工作為藉口跑到外面去。或許是因為抱持著『不想被別人看見我痛苦的姿態』的心情，以及希望能說服自己『我這麼健康，一切都沒問題啦』的心態，所以才會總是裝作視而不見吧。」

K的妻子是位堅強的人，她很少把難受、痛苦等話語掛在嘴邊。但是，她的內心應該也有希望丈夫能陪在自己身邊的心情才對。先生工作晚歸，向他搭話也總是只得到含糊的回應。面對這樣的丈夫，想必她的心裡會感受到強烈的孤獨吧。「就算不用特別說出口，對方應該也能明白吧」像這樣的想法，就是共同生活得越久的夫妻越容易陷入的羅網。

接著，K的妻子終於迎來生命的最後一天。因為肺積水的關係，K的妻子在幾天前就已經開始進行氧氣治療了。就算再怎麼堅強的她，也開始訴苦。醫生告訴他們夫妻倆：「還可能再多撐幾天。」K也做好了心理準備。但是，K的工作繁重，要是手邊沒有工作資料的話，也沒辦法就這樣直接留在醫院過夜。

「我馬上就回來。」K打算先返回家裡一趟，留下這句話後就準備離開。聽到丈夫這麼說，她也只是回了一句：「注意安全哦。」沒想到，這就是夫妻倆最後的一句話。K回到家裡的那一刻，接到醫院打來的電話，他慌慌張張地叫了一輛計程車飛奔回醫院，然而趕到病房的時候，他的妻子已經過世了。

「醫院的人告訴我『就在剛剛走的』。就只差兩分鐘而已，我卻沒有趕上。我真的非常懊悔，為什麼在她生命的最後一刻，我沒能陪伴在她身邊呢。」他這麼說著。

隨著與疾病抗爭的時間越拖越長，身邊的家屬看著親人與病魔抗爭的模樣，內心總會浮現出對死亡的恐懼。雖然心裡想著有沒有辦法能夠康復，但潛意識也會希望能從這個現實之中逃脫開來。病患是能敏感地察覺到這些情緒的。

「也許，我到最後還是選擇視而不見。就算我太太臨終時，我能坐在她旁邊握住她的手，但到頭來我可能還是什麼都做不了，只能靜靜地冷眼旁觀。或許這就是『最後的兩分鐘』吧，真難為情啊，太悲哀了。」

雖然這只是我個人的猜測，但我想或許K的妻子並不希望讓丈夫看到自己臨終的模樣。她希望的，可能是丈夫能偶爾想起自己健康時的模樣，這樣就足夠了。等到我一個人在醫院迎來生命盡頭的那一刻，一定也會這樣想吧。

既然有趕得上的時候，那也肯定會有趕不上的時候。我想，作為夫妻，或許K的妻子在這段關係中與丈夫保持著良好的相處模式，但她的內心可能有更強烈的意志在過著獨身自立的生活。

拯救K的，是妻子留下來的一封信。她似乎是用著她那不聽使喚的右手，寫下了歪歪斜斜的字跡。信上是這麼寫的：

「告別果然很哀傷啊。但是，我不覺得這樣很可憐哦。我度過了一段理想的人生，所以非常幸福哦。如果大家能認為我『很努力了呢！』的話，我會很高興的。」

K看到這封信之後，便哭了出來。但是也多虧這封信，他表示：「我從最後兩分鐘的詛咒中解脫了。」

「這封信是妻子送給我的禮物。雖然我沒能見到她最後一面的遺憾，一直到現在都還沒有辦法消失，但是她為了可能趕不回去的我，留下這封最後的訊息。有了這封信，我無論何時都能想起她的臉龐。剛開始我每次讀起這封信時，都忍不住會哭出來。但是到後來，我開始認為這是妻子在鼓勵我『要連我的份也一起努力，好好地活著哦』。」

雖然他沒有多說，但透過「最後兩分鐘」這段時間，還有這最後的一封信，他似乎能夠繼續思考他和妻子各自的孤獨，以及死亡的意義了。或許，這樣的死亡，也是他妻子送給他的一份禮物吧。

75

「孤獨死」不是悲劇，而是應該受尊重的事

社會上普遍將孤獨死視為一樁悲劇。但是，有許多生病的獨居高齡者，認為待在自己家裡比較好。

很遺憾的，如果在醫院迎接死亡，家屬也很有可能見不到患者的最後一面。就算彼此輪流照護，在臨終的那一刻，可能剛好沒有任何人待在病房裡。雖然理想的狀況是家屬圍繞在病床旁邊，向患者說聲：「你很努力了呢！」但現實的情況是，最好抱持著「並不一定能實現理想」的心理準備。如果這麼考慮的話，似乎就能夠認為無論在醫院死去，或者在家裡獨自死去，這兩種死亡方式都沒有什麼太大的差別了。

雖然並沒有關於日本全國孤獨死的統計數據，不過根據內閣府〈平成二十九年（二〇一七年）版高齡社會白皮書〉的資料可以看到，在東京都二十三區內，獨居的六十五歲以上高齡者在自己家中死亡的人數為三千一百二十七人。跟平成十五年（二〇〇三年）的四百五十一人相比，這數字相當於七倍左右。一般來說，現代人基本上多半是在醫院或醫療相關設施當中離世。而獨居者在自己家中離世的情況，其中有幾成很可能是在沒有任何人看護的狀態下死去。

社會上普遍認為「在無人關心的狀態下死去的人很可憐」，將孤獨死視為悲劇。但是，已經有越來越多的高齡者即便在獨居時生病了，也依然認為「待在自己家裡比較好」。尤其有提供居家照護的地區更是如此。在我生活的地區，從四十六年前就已經開始致力於推行居家照護。

即使是獨居，只要本人有這個意願，就可以進行居家照護。當然，我們是專業的醫護人員，在患者臨終時，醫師和護理師都會盡可能地陪伴在患者身邊，只不過還是可能會有趕不上的時候。

76

多數人期待在家中離世

希望直到生命的最後一刻都能待在自己最愛的家中，
這個覺悟也讓人迎來了最美好的生命末期。

距今約二十年前，諏訪中央醫院前院長的胃癌發生多處轉移。

「阿鎌，最後還是待在家裡比較好啊。」居家醫療正逐漸發展的時候，他表示：「只要以那樣的形式幫我診治就好了。」

如他所希望的，最終他在自己家裡離世。當時，他的家人和朋友都圍繞在他身邊，溫柔地照顧他。比起有許多人前去看望他，他更做好心理準備，希望直到生命的最後一刻都能待在自己最愛的家中。想必這個覺悟也讓他迎來了最美好的生命末期吧。這也讓我認為，是否「獨身自立」而活，是一件非常重要的事情。

即便同樣是獨居，但選擇臨終時待在家中的人，基本上獨身自立生活的傾向又更加強烈。因為他們能夠理解並接受這件事。當然，跟待在醫院或醫療相關設施相比，待在家中還是有些許缺點。但是，如果能夠好好珍惜「可以順應自己的心、不被任何人干擾、自由的獨處時間」的話，就有辦法拋開那些缺點。

雖然大多數人將孤獨死視為很可憐、很悲哀的事情，並且認為應該要防止發生這類事件。但是，孤獨死真的是一樁悲劇嗎？我並不這麼認為。許多腦袋僵化的媒體，都會指責是因為政府行政上的怠慢，才造成孤獨死的發生。為此，政府總是希望能將孤獨死的數量清零。

經歷高度經濟成長期[1]之後，日本人理所當然地接受「村落社會」[2]的崩壞；在「泡沫經濟」破滅後，大家也承認社會共同體崩解。不，不如說大家更積極地渴望能各自分

1 譯註：一九五五年至一九七三年之間，日本年平均經濟成長率超過10%的時期。
2 譯註：以村落為基礎形成的社會型態，具有階級結構和排他性。

開過日子，並追求沒有過多束縛的生活。可以說，這時候已經逐漸開始重視孤獨這件事了。

前面也曾提到「能夠舒適相處的朋友」這個話題。如果我們有只在自己想相處的時候，才跟想相處的人在一起的自由；那麼同樣的，我們也有在對方想相處的時候，選擇去陪伴對方的自由；或是，我們也追求遠離不想一起相處的人的自由。因此，即便最後孤獨死的案例增加，但這不也正符合這樣的人自己選擇的生活方式嗎？

覺得這樣的人因為過著沒有過多束縛的生活，所以應該會希望至少在臨終的時候，身邊有人能圍繞著自己的想法，只是一廂情願而已。在現代，認為「如果能夠輕鬆死去，不給周遭的人帶來麻煩，就會想要一個人生活、一個人死去」的人，應該也不少才對。

77

能獨身自立地生活，便不會在乎將如何離世

即便與伴侶或家人共同生活，也有可能會因為同住者離世，或者家人獨立搬出去住，而開始過獨居生活。

當然，這之中也有一些遺憾的孤獨死，並不能稱得上是幸福的死亡或平靜的死亡。所以，我們也不能一味地歌頌孤獨死。除了有些人因為受新冠肺炎疫情的影響，在迫於經濟壓力的情況下選擇死亡之外，年輕人孤獨死的案例也並不少。

對於這樣遺憾的孤獨死，行政機關和社會福利機構有必要伸出援手。不過，如果是「心甘情願的孤獨死」，便應該要與前者分開來考量。

所謂孤獨死，並不是只有人際關係不好，或者身世不幸的人才會碰到的問題。舉例來說，即使與伴侶或家人共同生活，也有可能會因為同住者離世，或者家人獨立搬出去住，而開始過獨居生活。就像上述所說的一樣，六十五歲以上的高齡者當中，共有49.5%的人是獨居戶。

只是，獨居戶的增加也是我們選擇走向小家庭化的生活方式所帶來的結果。這與從束縛中解放出來、選擇自由的人生等，如同一體兩面。如果這麼看的話，便不用無謂地厭惡孤獨死，而是必須改變整體社會的意識以及個人的意識，讓孤獨死不成為一樁悲劇和威脅。

我想，大家在遇到獨居者自己選擇待在家裡，死亡之後才偶然被發現的狀況時，如果能夠不以孤獨死的角度來看待，而是選擇以「自立死」[1]這樣的詞彙形容，並且接受、理解這件事的話，應該就會有更多人主動選擇自立死吧。

我曾和《晚年獨自生活才幸福》（日本水曜社出版）的作者辻川覺志進行對談。他是在大阪開業的醫生。與他談話之後，我強烈地感受到「那些獨身自立而活的人，就算獨自一人離開這個世界，也沒有必要以『孤獨死』這個詞來形容，甚至把這件事當作社會問題來看待」的想法。或許，現在正慢慢地掀起新的波瀾。

正因如此，我們必須以獨身自立為目標，好好地運用孤獨的時間。無論身邊有家人、朋友，或是還持續在工作也一樣，都需要做好獨身自立的準備。

1 譯注：不給任何人添麻煩，自在地死去。

78 獨活也可以非常帥氣地離世

> 直到臨終時，她都還是非常重視「自己的時間」，甚至身上穿著自己為了迎接臨終而設計的衣服。

普遍來說，大家會認為「在獨居的自宅迎來生命的盡頭」這件事很不容易，但是如果自己做好心理準備，周遭的人也都理解的話，是有可能辦到獨自在家中度過人生尾聲的。

首先，就算同樣是獨居，一種情況可能是遠赴他鄉、無依無靠，另一種則可能是家人就居住在距離自己不遠的地方而已。也就是說，根據親友距離自己近或遠的程度，其狀況又有所不同。

另外，不僅是物理上的距離，與家人之間心理上的距離也可能會造成不同的情形發生。例如，即便本人無論如何都希望自己臨終時能待在家中，也有可能會遭到家人的反對。其理由或許是因為擔心「要是家人不在的時候發生什麼意外怎麼辦」吧。此外，應該也有人會覺得「待在家裡真的沒問題嗎？」而產生不安的情緒吧。不過，如果實際了解居家醫療和居家照護的情況的話，就算是無所依靠的人，也可能辦到在自己家中迎接生命的尾聲。

雖然目前日本的醫療保險和長照保險制度還存在一些問題與爭議，但如果能夠接受居家醫療，好好運用長照保險服務的話，獨居者想要在自家迎接生命盡頭的願望也是完全有可能實現的。特別是因癌症死亡的情況下。由於在某種程度上可以推測死期，所以獨自在家死亡這件事幾乎是百分之百可能實現的。

這邊就來舉個例子吧。八十二歲的F女士是一名未婚的獨居者，她住在公營住宅裡，幾年前開始接受政府的福利保障救助。在那之前，她是一名勞工，曾經做過兼職的工作。

因為患有慢性呼吸衰竭的關係，她也會在家裡接受居家氧氣治療。但漸漸的，她的身體越來越虛弱、衰老，身體的機能也越來越低下。在她生命最後的半年期間，如果需要什麼物品，都是請朋友幫忙購買的。即便如此，她還是笑著說：「我不想去醫院或養老院，還是什麼都沒有的自己家裡最好了。」

不僅如此，她還把自己一直以來珍藏的寶物轉交給朋友。這是多麼了不起的斷捨離啊。冬季時，我前去她居住的公營住宅為她看診，發現煤油暖爐上放了地瓜。她跟我說：「那是朋友給我的地瓜，已經熱好了，醫生你吃一點吧，可以補充能量哦！」

她並不是單方面的希望別人能為自己做點什麼，而是希望自己多少也能做些自己做得到的事情。她就是這麼生活過來的。雖然她的人生是在非常注重孤獨的狀態下生活，但是她的大腦也同樣會好好地分泌名為催產素的腦內物質，也就是俗稱的「牽絆賀爾蒙」，以防止她被社會孤立。她擁有強烈的孤獨意識，對於珍惜獨處時間這件事也非常地固執。

「因為醫院有熄燈時間，要是我待在醫院的話，晚上就不能看電視了吧。不管在半夜或清晨，我還是覺得能在想看電視的時候就看電視、想睡覺的時候就睡覺才好。因為這些都是屬於自己的時間嘛。」

她的朋友覺得她這樣的生活方式非常有魅力，直到晚年也沒有離她而去。就算她經濟情況不是很富裕，朋友也會聚集而來。這是因為她具有屬於自我的獨特魅力。即便她擁有朋友，也不會刻意與眾人聚在一起。看到她這樣的生活方式，不禁又更加讓人覺得她實在活得非常帥氣。

直到臨終時，她都還是非常重視自己的時間，最後也在自己的家中離世。真是漂亮的一生啊。當時有幾個朋友前去看望她，她身上穿著自己為了臨終而設計的衣服，步上通往另一個世界的旅程。我忍不住覺得「真是太帥氣了啊」。

79

只要能忍受小小的不便，「自立死」並不困難

”

只有讓家人與伴侶明白自己堅定不移的決心，才是讓「在自家離世」這個願望更容易達成的捷徑。

“

如果能待在家裡的話，就可以吃自己想吃的東西，還可以自由地在想睡覺的時候睡覺、想起床的時候起床。想跟別人見面不用在意時間，看電視或聽音樂的時候音量調很大聲也沒關係。這些就是待在家裡才享受得到的好處。

接著，只要想辦法把待在家裡的缺點降到最低就行了。例如，為了方便伸手就能很輕鬆地拿到東西，在床頭附近準備好所有必要的物品；或者在床旁邊的桌子放上一些食

物和飲料，這些應該都是很不錯的方法。如果能透過這些方法消除不便的話，就十分有可能辦到獨自在家中迎接生命的尾聲。

不過，很重要的一點是，要盡可能地讓子女與身邊的人理解自己的想法。如果孩子因為擔心而反駁道：「這樣不行吧。」也只要貫徹自己的想法就好。就算任性一下也沒關係。要是本人堅決主張「待在家裡比較好」的話，或許家人也會橫下心來，思考著：「既然如此，就不要再說些有的沒的，好好支持當事人的想法吧。」只有讓家人與身邊的人明白自己堅定不移的決心，才是讓「在自家離世」這個願望更容易達成的捷徑。

另外還有一件事也很重要，那就是實現精神上的自立。擁有「自己的生命是屬於自己的」這樣獨身自立的哲學是一件非常重要的事。過了六十歲之後，必須一步一步地穩固培養獨身自立的精神。這麼做的話，也能使周遭的醫師、護理師，以及孩子的觀念跟著一起改變。

80

你希望如何度過自己的人生

「這一生過得很開心呢」真是沁人心脾的一句話。希望大家都能好好地跟這個世界告別。

過去效力於日本職棒中日龍隊時曾奪下全壘打王，並擔任過北海道日本火腿鬥士隊總教練的大島康德先生在二〇二一年過世了，享壽七十歲。令人驚訝的是，他在過世的二十天前左右，還在節目上進行棒球解說。雖然他的身體狀況並不是那麼好，但他一直都希望能在情況稍微好轉後改為待在自家生活，埋頭觀看他最喜歡的棒球比賽。這正是重點所在。

「希望如何度過自己的人生？」根據這一點的不同，對於治療的決定也會有所不同。患者最好能夠自己決定該怎麼做會比較好。這個決定的背後，有著患者自己的人生，也有患者本身過去背負的東西，以及現在背負的東西，並不是用簡單一句話就能概括的。任誰也不會知道，究竟哪一個選擇才是正確的解答。

大島先生不只已經對死亡做好心理準備，也始終堅持自己的人生要自己做決定。這是一件非常美好的事情。另外，並不後悔自己所選擇的道路，這一點也非常棒。

大島先生說：「想要做的事情都一個接著一個地做到了，這一生過得很開心呢。除此之外，還渴求什麼呢？已經沒有任何追求了啊。生命是有終點的。總有一天，我也一定會迎來自己的人生終點。那一天就是我的死期。那就是賦予我的命運。我並沒有輸給疾病，我已經盡力活完這場人生了。等那一天到來之前，我都會照常生活，好好地珍惜自己的生命，好好地度過自己的人生。」

大島先生的身邊，有溫柔的妻子和家人在支持著他。因為他的人品很好，周遭也圍繞了許多親朋好友。不過大島先生的真本領，是他那堅決穩固的腳步，還有挺直腰桿自立而生的姿態。能夠像這樣獨自堅定地站穩腳步，實在是一件非常了不起的事情。

我想，在臨死之時，應該也會有一段孤獨的時間吧。利用那段時間，能夠好好地回顧自己的人生。

「這一生過得很開心呢。」真是沁人心脾的一句話啊。要是許多人都能夠留下如此美好的話語，並且好好地跟這個世界告別的話，那就太好了。我一邊祈願著這樣的時代能夠早日到來，一邊寫下這本書。

81

美好的「自立死」

”

獨身自立而活，並且熟習「剛剛好的孤獨」，便能在人生的盡頭做正確的決定，實現美好的「自立死」。

“

我曾從一位擔任居家照護醫師的朋友那裡聽來一件事。一位九十三歲的M先生，不顧家屬的反對，堅持自己「絕對要在死在榻榻米上」。因為他的妻子很早就去世，他們也沒有兒女，長久以來都是自己一個人生活。另外，他的兄弟姊妹也都不在了，身邊沒有任何有血緣關係的親人。

「我完全沒有想要去醫院或養老院的意思。我想要死在榻榻米上，希望你們能幫我想想辦法。」

聽說M先生經常把這樣的話掛在嘴邊。因為之前經歷過好幾次住院又出院，老是被醫生和護理師命令「你要這樣做、你要那樣做」，似乎已經感到相當厭煩了。他總是強烈地渴望著：「好想一個人待在家裡逍遙自在地死去。」雖然也曾遇過因為肺炎而發高燒的狀況，但他還是拒絕住院，意志非常堅定地表示：「如果這在居家治療的範圍內無法治療好的話，那也是沒辦法的事嘛。」

但是不久後，他漸漸沒辦法活動身體，開始包起尿布了。然而他還是一副無所謂的樣子，不表現出苦悶地說著：「尿布穿起來很舒服啊。」此外，因為他老是躺臥在床上，照護員擔心他的身上會形成褥瘡，便向他推薦使用居家照顧專用的床。但他還是堅決表示：「在榻榻米上鋪被子才是最好的。」

如果久臥在床的話，最好還是選擇有床架的西式床鋪，這是一般常識。但是，就算不遵循一般常識來做也沒關係。在榻榻米上鋪被子，想要在這裡斷氣，不想要妥協地過活，這是很了不起的獨身自立。如果是在長照中心被不認識的人照顧的話，應該不會覺得這是非常令人滿意的生活吧。我認為，按照自己喜歡的方式去做，直到生命最後一刻都忠於自我而活，這才是獨身自立的精神。

總是把「一個人才好嘛」這句話掛在嘴邊的M先生，不久後便像是睡著一樣地在榻榻米上離世了。就如他所期望的那樣，獨自一人壽終正寢。想要實現如此美好的「自立死」，就要從邁入老年開始便獨身自立而活，並且熟習「剛剛好的孤獨」。我想，這麼做的話，便能在人生的盡頭為自己帶來正確的決定。

82

爲生命規劃各種期限

如果能為人生設下一個期限的話，
便能整理出「什麼才是最重要的事情」。

我在諏訪中央醫院擔任院長時，常聽到病患在臨終前訴說：「如果之前做過這些事情就好了。」人是會在臨死之時被後悔的情緒困住的生物。因此，為了不在臨死之時感到後悔，重要的是在身體還硬朗的時候，就為「想做的事情」做好準備。例如，要是再過一年，人生就將結束的話：

・只要還有足夠的體力，就想要去旅行。
・希望能和家人一起度過愉快的團聚時光。
・想用盡最後的精力工作。
・直到生命最後一天，都想吃好吃的食物。

應該大部分的人也都還有很多很多其他想做的事情吧。不過，要是不清楚自己「想做什麼」的話，即便被宣告壽命剩餘的時間，也只能感到惶然無措而已。如果能為人生設下一個期限的話，便能整理出「什麼才是最重要的事情」。

透過人生最後階段的醫療工作，我送走了無數名患者。在這之中，我察覺到一件事。那就是，人在臨死之前，一定會回顧自己的一生。

在踏上黃泉路之前能夠接受一切的人，會逐一整理出「人生值得誇耀的事情」、「後悔的事情」等等。接著，他們會接受自己的人生，想著「真是美好的一生啊」，然後平靜地與這個世界告別。

如果每天都過著很忙碌的生活，就幾乎沒有餘裕能重新審視自己的生活方式，也很難發現對自己來說真正重要的東西是什麼。如果在臨死之時才手忙腳亂地面對一切，那就什麼都沒辦法開始。要是能透過整理這些事情，讓自己的心平靜下來，也算是人生最後的獨活了吧。

83

人會爲了什麼事情感到後悔？

希望大家在回顧自己的一生時，
都能夠盡可能地不要留下任何遺憾。

最近，有越來越多人能夠選擇「自立死」和「納得死」[1]了。但是，這當中還是有一些人懷抱著後悔的思緒離開人世。例如，有人會想：「如果我曾這麼做的話就好了。」也有人認為：「如果我能以那樣的方式生活就好了。」

1 譯註：接受死亡。例如像癌症末期時，讓病人和家屬在臨終前有所準備。

有一對關係失和的父子。這名父親是癌症末期患者，但他的長子卻不肯與他見上一面。雖然他非常想與兒子見面，卻怎麼樣也開不了口。

詢問他們身邊的親友，才知道這名父親似乎是個非常嚴厲的人。他主張要嚴格教養孩子，但或許因為太過嚴厲，導致長男認為自己遭受父親的虐待。就算周遭的人費盡心思向長男勸說：「來見你爸爸一面吧。」長男也拒絕到醫院看望父親。在這名父親過世的前一天，身邊的人問他：「還有什麼遺憾嗎？」他說道：「我想見兒子一面。過去是我不對。」雖然他們本想立刻向長男傳達父親所說的這句話，最後還是沒來得及趕上。長男沒見到父親的最後一面。據他們的親戚所說，長男在得知父親最後的遺言時，悲痛地放聲大哭。

遺憾的是，只靠我們的力量，沒有辦法讓他們父子倆相見。但是，他們彼此的心似乎已經達成和解了。希望大家在回顧自己的一生時，都能夠盡可能地不要留下任何遺憾。

在執行醫療工作時，我們經常會聽到病患提起：「好想跟家人再去旅行一次。」或者：「如果我有再去挑戰更多不一樣的事情就好了。」

我非常理解像這樣「不想留下遺憾」，以及「不希望感到後悔」的心情。

但是，每個人都是不同的個體，不管是生活的時代和背景，或者重視的東西也都不一樣。隨著年齡增長，有些人認為自己此生已經活得足夠了；也有些人在還年輕時便留下年幼的孩子，帶著遺憾先行離開人世。或許，這個世界上並沒有什麼對任何人來說都共通的「無悔人生」或「美好人生」。

84 人生不如意的事十之八九

> 發現屬於自己的「剛剛好的孤獨」，寂寞與恐懼會漸漸消失，人生也開始變得更有樂趣。

即便如此，我還是經常囑咐自己，希望在迎來人生盡頭時，我能夠以認為自己的一生「沒有後悔」、「是一場美好的人生」的姿態生活。

如果能度過孤獨的時光，就能夠發覺那些原本沒看見的東西，也能察覺事物的本質。要是經歷了獨處的時間，就能夠明白該做的事情是什麼，也能找到人生的生活方式。接著，倘若能發現屬於自己「剛剛好的孤獨」的話，寂寞與恐懼的情緒就會漸漸消失，人生也會開始變得更有樂趣。我就是像這樣一邊告訴自己「一定會如此」，一邊持續生活下去的。

人的一生當中，會發生各式各樣的事情。除了生病或受傷等意外事故，也可能會遭遇事業或婚姻失敗，或者在學校和職場上的人際關係出現問題。每當遇到這些情況時，我們或許會對自己的生活方式產生懷疑，也可能會失去熱忱與精力。

更何況，新冠肺炎的疫情更像在火上澆油一樣，侵襲著全世界。隨著感染擴大帶來的變故，我們漸漸失去生活的喜悅，也找不到生存的意義。

事實上，二〇二〇年內閣府提出的「關於人生的滿意度調查」中顯示，「對人生感到非常滿意」，以及「對人生感到稍微滿意」的數據加起來，共為32.1％；而「對人生感到完全不滿意」，以及「對人生感到不太滿意」的數據加起來，則約為36％。也就是說，有三分之一以上的人對人生感到不滿意。

除此之外，根據內閣府發表的調查結果顯示，與新冠肺炎爆發前相比，民眾對於生活的滿意度也大幅下降，尤其是生活的樂趣、與社會的連結這個領域的下降情形又更為嚴重。

人的一生當中，經常會受到外在因素的強烈影響，使得許多事情很難如自己所願地進展下去。但是，在這樣的狀況下應該要怎麼做，都是每個人各自的決定，也是每個人各自的人生。

85

獨身自立，也珍惜人世間的緣分

為了讓我們更能好好地過日子，
最重要的就是去守護那些「對自己來說真正珍貴的東西」。

總歸來說，我所提倡的孤獨的奧妙，就是思考人生的意義。即便之後新冠肺炎的疫情可能平息，但等到那個時候，無論是社會的狀況，還是個人的思考方式，與疫情前相比也都已經產生變化，甚至可能會讓人覺得生活變得更加困難。

此時，為了讓我們更能好好地過日子，不管遇到什麼狀況，我們都要珍惜那些能夠為自己帶來笑容的東西，以及能夠支撐自己身心的東西。也就是說，最重要的就是去守護那些對自己來說真正珍貴的東西。

我認為，所謂思考人生的意義，就是察覺對自己來說真正重要的東西。只有對自己來說真正重要的東西，才能賦予我們人生的意義。

前面介紹過一位六十七歲的失智症患者S先生，他平常會為自己列出幾個不同主題的一覽表。舉例來說，他在「我的強項」中，寫下六點自己做得到的事和做不到的事；在「幸福的理由」中，也列出六點能讓他感覺到微小幸福的理由，例如食物很美味等等；而在「我的主張」中，則列了七個要點，其中包含「讓因為罹患失智症而失去力量的人打起精神」等等。實在是非常帥氣啊。我想，他的內心應該也強烈地抱持著「希望能為誰帶來益處」的想法。或許，一直以來支撐著他的，正是這樣強大的意志吧。

另外，他列出的「可以做的事情清單」共有十點。例如可以自由地購物、可以自己決定各種事情等等。即便是失智症患者，也可以像他這樣獨身自立而活。或許，這就是他不被人生打敗，也不被疾病打敗的原因吧。

想不起來朋友的名字、在半夜三點醒來……就如同許多高齡者一樣，他的心中承擔著與一般的煩惱相比，還要困難上好幾倍的苦惱。但是，他會列出自己的強項和主張，以及幸福的理由等清單，以此來鼓勵自己，我認為這是一件非常了不起的事情。

如果說人生只剩下一年的時間，那麼不妨嘗試為自己制定關於自我的喜悅、自己想做的事情、自己的職責等清單。並非為了家人，或者為了某個人而活，而是以忠於自我地活著為目標，在人生的結尾時，以和過往不同的方式生活。要不要試著這麼做做看呢？這就是開始獨身自立的一大關鍵要點。

從六十多歲開始，要來真的了。人生邁入六十歲以後，不妨將注意力放在「獨身自立於世」這件事上面吧。以個人來掌握自己的人生，在重視孤獨時光的同時，也不要忽略與他人之間的緣分。這就是「獨身自立也珍惜緣分」，也是鎌田式的獨身自立哲學。

86

爲死亡做準備 也是爲生活方式做總結

”其實如果能夠好好考慮，並決定好關於死亡之事，漸漸就不會再害怕死亡，能夠毅然決然地生活下去。“

那麼，最後讓我來談談自己的事情吧。

我一直以來都已經做好面對死亡的心理準備。我認為，就算這一天早點到來也無所謂。無論早點來還是晚點來，都不是我能夠決定的事情，一切聽從命運的安排。

人總有一天會死，所以我不想浪費那些賦予自己的時間，希望能快快樂樂地活著。我每天都是抱持著這樣的想法過日子的。

只是，死亡方式有很多種，踏上黃泉路也只需要獨自一人就行。就像是在旅行途中突然因為心跳停止而離世，也是非常瀟灑的死亡方式；或是前去參與演講的途中，因為心臟突然停止跳動而離世，這樣的死亡方式也不差。而貪心的我認為，生病在居家照護中死亡應該也不錯。

普遍來說，日本人或許會覺得為死亡做準備是不吉利的，所以對這件事敬而遠之。但我認為，其實如果能夠好好考慮，並決定好關於死亡之事，漸漸就不會再害怕死亡，能夠毅然決然地生活下去。

我參與地區醫療工作已經很長一段時間，我認為能夠漂亮地為人生做總結的人，在生前肯定也已經都做好各種考量和準備。如果能夠抱持「不知道人生會在何時發生何事，說不定明天我就會死去」的想法，應該就能夠想著不管是在今天還是明天，都要好好珍惜地活下去。對死亡抱有覺悟，並且思考關於死亡的事情，也是在思考自己的生活方式。如果能夠決定如何為人生做個總結，就能產生「接下來就只要一心一意地活著就行」的心態。

最近，「尊嚴死」[1]和「安樂死」成為話題，透過各式各樣的調查發現，認為「在生死關頭，不希望自己接受維持生命治療」的人已經達到70%。但現實是，大部分的人都還沒做好傳達自己意願的準備。

1 譯註：在生命末期不施予過度的醫療措施來延長壽命，讓人有尊嚴地自然死亡。

87

不希望半吊子般地活著

對人生不滿意的人，在邁入老年時能夠獨身自立的話，或許他們的觀念也會開始改變。

之前，我曾與地方上的夥伴一起製作「尊嚴死卡片」，一直到現在都還把它放在錢包裡。為了能在「緊要關頭」派上用場，我在這張卡片上表明了自己的想法。

卡片上是這麼寫的：「謝絕過度的維持生命治療行為。不需要使用人工呼吸器，也不需要為了灌食做胃造廔手術。」無論是希望施予維持生命治療，還是不希望施予維持生命治療，每個人都有各自的想法，並沒有絕對正確的答案。但是，大家至少要清楚地表明自己的想法。我認為，這就是老年獨身自立的第一步。

只要做好這些準備，對死亡的恐懼就會減半。如果只是半吊子地延續生命，實在太讓人受不了了。就算到了冬天也沒辦法滑雪，連展演空間都不能去，要是變成這樣的話，死期什麼時候來臨都無所謂。就像這樣，會強烈地產生「不希望半吊子地延長壽命」的想法。非常推薦大家也試試看。

這時，反而會開始覺得：「只要我還活著，就要盡可能愉快地生活下去。」另外，自己也會成為自己人生的主角，並且讓自己快樂、不後悔地活著。

前面曾經介紹，一則問卷調查的結果表明「對於人生，每三個人當中就至少有一個人感到不滿意」。不過，如果至今對人生都不滿意的人，在邁入老年時能夠獨身自立而活的話，或許他們的觀念也會開始改變。

「不需要老是回頭抱怨，事情該如何發展就會如何發展，所以好好享受生活吧！」、「反正總有一天都會死，不管那一天的到來是早還是晚，都不是我該去管的事。」如果能盡可能地讓更多人從「不滿意之人」的群體中逃脫出來的話，那這本書也有其價值了吧。

88

留下親筆書寫的遺囑

拒絕那些就算推辭掉也無所謂的關係，
這就是獨身自立最重要的行事方法。

無論女性或男性，都開始悠然自得地生活了。有一本隨筆作品叫做《獨活女子的推薦》（日本大和書房出版），也曾翻拍成電視劇。我有幸與本書作者朝井麻由美小姐見面，她是一位無論是一個人到拉麵店或汽車旅館，都能夠愉快地獨自前去挑戰的女性。另外，我也曾與研究單身生活者的專欄作家荒川和久先生見過面。

像這樣享受獨處時光的人越來越多了。大家都擺脫過往的束縛，生活下來了。也開始有人選擇處理掉祖先傳下來的墓地。

我還見過遭受「教育虐待」[1]，從憂鬱症當中走出來的作家古谷經衡先生。他與「毒親」斷絕關係，也改了名字，與這個家庭告別。「即便如此，我也結婚生子了。該切割的就把它切割掉，我不會成為毒親，我要斷絕這個輪迴。」他抱持著這樣強烈的意志，不禁讓我感到他是多麼地厲害。不被「幻想的羈絆」所矇騙，在巧妙地保持良好相處關係的同時，也拒絕那些就算推辭掉也無所謂的關係，我想這就是獨身自立最重要的行事方法。

也就是說，「人生是屬於自己的」。這就是終極的「獨活精神」。所以，無論是直到人生最後一刻為止經歷的事情，還是關於自己的後事，像這些與自己相關的事情，都要按照自己的想法來決定。我認為，這一點非常重要。

為此，得事先留下親筆撰寫的「自書遺囑」。我在我的遺囑中寫下，我死後要把所持現金中的一定金額，捐贈給我長年支援的機構日本車諾比聯合基金會（JCF）。這是一個為車諾比核災中的受害者及兒童提供援助的組織。

當然，這個想法也已經得到家人的諒解。要注意的是，自書遺囑的規定是立遺囑人必須親自書寫全文，並且親筆簽名及標註日期等。不管要用原子筆，還是用鋼筆書寫都沒關係。雖然用印的時候蓋一般的印章就可以，不過還是使用正式登記過的印鑑章比較好。我想，也可以先把希望的殯葬方式寫在遺囑當中。

如果改變主意的話，想要重新改寫幾次遺囑都沒有關係。以剛才提到的維持生命治療為例，當自己健康有活力地享受人生的同時，可能會覺得：「希望盡可能地接受維持生命治療。」但假如狀況改變了，想法可能也會跟著改變，或許會開始認為：「想做的事情也都已經做過了，不用勉強自己接受維持生命治療也沒關係。」如果心境產生變化的話，只要重新再寫一份遺囑就可以了。

1 譯註：對於升學過於執著的家長，以強硬的手段逼迫孩子讀書、參加升學考試，導致孩子不堪身心壓力而受創。

89

從容地啓程前往另一個世界，是最棒的獨活

如果要忠於自我地活著，
那在人生終點也要以有自己風格的方式來進行事前規劃。

從這個角度來思考，我也試著寫下自己希望的殯葬方式，甚至連喪禮感謝函的內容都想好了。

「不知不覺地，我就這樣死去了。雖然承蒙您多方關照，但我卻沒什麼機會能在最後好好地跟您打聲招呼並道謝。我想，我在那個世界一定也會過得很開心。請不用擔心，我並沒有在等您。請您絕對要長長久久地享受這段僅此一次的人生。謝謝，再

見。」

這就是那封感謝函的內容。我認為，如果要忠於自我地活著，那在人生終點也要以有自己風格的方式進行事前規劃。

我不接受維持生命治療，但相反的，只要還有餘力，我就想去展演空間欣賞爵士樂表演。如果在回家的途中，可以到我最愛的圭一壽司去吃點壽司的話就太完美了。或者，如果到了癌症末期，可以在沒有發生任何特殊狀況中死去，那我也會感到心滿意足。

之所以會在喪禮感謝函上面特別寫下「我並沒有在等您」，是因為死亡是屬於個人的事情，也是一件有其尊嚴的事情。

90

積極轉念，展開精采的獨活

”各位不妨先試著獨身自立，讓討厭的事都隨水流去吧。“

大約在十年前，我們醫院來了一位乳癌末期的患者。她懷著一肚子的怨氣和憎恨的情緒，住進醫院進行治療。她原本在山梨縣北杜市獨自經營一間咖啡廳，店裡的生意似乎很不錯。她很有個人魅力，身邊總是圍繞著許多粉絲，不過她也非常重視屬於自己的獨處時光。

我作為一名傾聽者，聽她講述了許多「對於家人的恨意」。不管是對兄弟姊妹的恨，還是對父母的恨……好像講得越多，對他們的恨意就越來越強烈。但不知道是不是心境發生變化的關係，在她快要講完這些故事的時候，氣氛突然開始變得不一樣了。

可能是因為已經做好面對死亡的心理準備了吧，她開始在錄音帶上錄製臨終時想要聽的音樂。她最後選擇的歌曲，是法國歌手愛迪・琵雅芙（Edith Piaf）的〈玫瑰人生〉（*La vie en rose*）。即便她帶著怨恨的情緒度過這一生，最後還是以充滿希望的「玫瑰色」來肯定自己的人生。「人生有好事也有壞事，過去的就讓它過去，好好前往另一個世界吧。」我想，這是因為她已經接受一切了吧。最後，她面容平靜地離開了這個世界。

在不斷遭受家人的折磨之下，她很早就開始過獨身自立的生活。正是因為如此，她才能如此堅強吧。前面提到，對於人生，每三個人當中就至少有一個人感到不滿意。如果這之中能有人將過去的事情隨水流去，說不定他們便會發現人生還是存在希望的。各位不妨先試著獨身自立，讓討厭的事都隨水流去吧。

91

獨身自立，貫徹自我的信念

”對於生命的長短，我完全無能為力。
所以我決定，不要去在意那些自己無能為力的事情。“

雖然我覺得死在哪裡都無所謂，但是我非常喜歡自己居住多年的城鎮茅野市，所以我也有想過，或許在諏訪中央醫院的安寧療護病房離世的話也很不錯。不過如果要選擇的話，我還是覺得要是能死在「岩次郎小屋」的話就太完美了。父親把我撿回來、養育我長大，那裡正是以父親的名字來命名的地方。

不，等等。最帥氣的還是在我長年支援的伊拉克難民營，或者車諾比核災汙染地區，為孩童進行診療時突然死去。又或者是在前往支援的旅途中突然死去……我不喜歡與人聚在一起，也討厭被束縛，所以如果能在前往伊拉克難民營的途中，在沙漠上突然因為心臟病發作而死的話，應該也很不錯吧。如此一來，就可以毫無顧慮地獨自前往另一個世界。當然，我覺得這應該很難如我所願。對於生命的長短，我完全無能為力。所以我決定，不要去在意那些自己無能為力的事情。

雖然去領取遺體的家人應該會很辛苦，但在這裡我只能說聲抱歉。直到最後的最後，我還是會貫徹隨心所欲的生活，繼續摸索啟程前往另一個世界的獨身自立方式。

結語　「獨身自立」的處世哲學

我的人生中，一直懷著各種小小的放棄念頭。我小時候是一名棒球少年，國中時是學校社團球隊的游擊手，背號是三號。我已經盡了自己的全力，但我也很清楚，我無法成為一流的棒球選手，所以最後還是放棄繼續打棒球。

升上高中之後，我加入劍道社。雖然曾被選為團體賽的五名選手之一，但我發現自己還是比不上那些從小就開始鍛鍊基礎的劍士。我很想贏得比賽，也靠著小技巧獲取勝利，但這並不是堂堂正正的取勝方法。高中三年結束之後，我也放棄劍道了。

等到念大學時，我又再度加入棒球社，並成為球隊的隊長，背號是三號，守備位置是捕手。這個時候，我已經非常清楚自己的極限在哪裡。繼續這樣下去的話，我或許能步上一條還算過得去的道路，但如果要靠這個吃飯的話，應該是完全不可能。就像這樣，我好幾次領悟到自己的極限究竟是什麼。

一直以來，都打從心底喜歡獨自一人生活

大學畢業時，我認為自己不適合繼續留在大學，與同事在醫學的世界裡相互競爭。但這其實也只是個看似好聽的藉口而已。我不認為自己具備足夠的能力、毅力與精力，能夠待在大學持續奮鬥下去。

我後來選擇到諏訪中央醫院就職，那裡正因醫生數量不足而苦惱。當時我想，這間醫院擁有卓越的醫療技術，也有具備指導能力的醫生，如果是在這裡的話，只要我肯努力，也可以出人頭地吧。

即便我比誰都還要喜歡東京的生活，但最後我還是放棄在東京生活。也許，是因為我非常想要一個人過日子吧。

三十九歲時，我當上醫院的院長。在維持經營獲利的同時，還要設法打造一間氣氛溫馨的醫院。工作方面，這樣走在鋼索上的狀態，讓我感到十分疲憊。我已經耗盡了自己的心神。

五十六歲時，我辭去院長的職務。當時我考慮的是，自己辭職才有可能讓醫院繼續

發展下去。但是除此之外，我心中更想著「希望能一個人生活」、「想要擁有更多獨處的時光」。或許，我想擁有孤獨時間的慾望又比之前更強烈了吧。

我總是會根據自己的能力、愛好和精力，來判斷自己該不該死心，或者放棄某些事情。有時候停止小小的經營，有時候進行大大的斷捨離。我現在認為，所謂生活，就是不斷地死心與放棄。

五十六歲對「獨身自立」的覺悟

我在五十六歲那年辭去院長職務，就是我開始老年獨身自立的時期。我想，應該有很多人跟我一樣，差不多都是從這個年紀開始有意識地「獨處」吧。雖然應該也有不少人早就在無意間展開獨身自立的生活，不過如果漸漸增強自己的獨處意識，等到接近六十歲左右時再開始「獨活」，並持續獨身自立地過日子的話也很不錯。如此一來，就不會再對人生產生恐懼，還會覺得人生變得更有趣，甚至會湧現「再試著任性地過一次人生吧！」的想法。

我想，花甲之年正是立下自己「獨身自立宣言」的大好時機。

人生充滿各式各樣的岔路。在我們努力生活的過程之中，遇上岔路的次數很多。不管是什麼時候，我們都得從兩條分岔的道路之中，選擇其中一條路往前走，並放棄另外一條路。或者，我們也可能必須在好幾條分岔的道路之中，選擇其中一條道路走去。

試試在每天的生活中加入「獨身自立」的處事方法

每當遇到這些狀況的時候，我們只要持續做出積極的選擇就行了。就算認為自己「好像選了一條錯誤的道路」，也只要冷靜地接受就好。如此一來，這段經歷也會成為未來的人生食糧。不如說，正是因為有過好幾次的錯誤選擇，才能更加深自己的經驗，使其形成自己獨特的風格與魅力。

在第一章的內容當中，曾提到孤獨時光對我們的生活來說是非常重要的。但其中也講到，如果是實踐如修行一般的孤獨，或者過度極端的孤獨，則可能會伴隨各種風險。例如，可能會縮短壽命，甚至罹患失智症的機率會高達兩倍之多。

即便如此，還是請讀者試著在每天的生活中進行一些「獨活」吧。這是任誰都可以做到的事情。這麼做的話，最終理應會形成「獨身自立」的生活型態。如此一來，獨處的時光也會變得更加充實。接著，只要隨自己的喜好，好好地度過不與眾人相聚的時光，以及不被束縛的時光就好了。

自然而然地，也能好好調整身心狀態。好戲才正要上場。在不知不覺間，你也能成為一名充滿魅力的孤獨達人吧。

這本《剛剛好的孤獨》，是由吉野江里編輯所構思的企劃。合作編輯為未來工房的竹石健先生。我們三個人花時間反覆進行好幾次會議，在「保持社交距離」的呼籲之中，終於完成這本寫下孤獨嶄新魅力的書籍。我由衷地感謝這兩位編輯。

剛剛好的孤獨

培養獨活能力，與別人保持無負擔的聯繫，想要一個人待著的時候也沒問題

ちょうどいい孤独　60代からはソロで生きる

作　　者　鎌田實
譯　　者　陳綠文
社　　長　陳蕙慧
責任編輯　翁淑靜
特約編輯　沈如瑩
封面設計　黃千芮
內頁排版　洪素貞
行銷企劃　陳雅雯、余一霞、汪佳穎、林芳如

讀書共和國集團社長　郭重興
發行人暨出版總監　曾大福
出　　版　木馬文化事業股份有限公司
發　　行　遠足文化事業股份有限公司
231新北市新店區民權路108-4號8樓
電　　話　（02）22181417
傳　　真　（02）86671065
電子信箱　service@bookrep.com.tw
郵撥帳號　19588272木馬文化事業股份有限公司
客服專線　0800-221-029
法律顧問　華洋國際專利商標事務所 蘇文生律師
印　　刷　呈靖彩藝有限公司
初　　版　2022年10月

定　　價　380元
I S B N　978-626-314-258-9（紙本書）
978-626-314-256-5（EPUB）
978-626-314-257-2（PDF）

剛剛好的孤獨：培養獨活能力，與別人保持無負擔的聯繫，想要一個 人待著的時候也沒問題 / 鎌田實著；陳綠文譯. -- 初版. -- 新北市：木馬文化事業股份有限公司出版：遠足文化事業股份有限公司發行，2022.10
面；　公分
譯自：ちょうどいい孤　：60 代からはソロで生きる
ISBN 978-626-314-258-9(平裝)

1.CST: 獨身 2.CST: 老年 3.CST: 生活指導

544.386　　111012822